LE
GRENADIER
DE L'ILE D'ELBE.

IMPRIMERIE DE COSSON,
RUE SAINT-GERMAIN-DES-PRÉS, N° 9.

LE
GRENADIER
DE L'ILE D'ELBE.

SOUVENIRS DE 1814 ET 1815.

PAR A. BARGINET, DE GRENOBLE.

La vertu c'est le dévouement.

TOME SECOND.

PARIS,

MAME ET DELAUNAY-VALLÉE, LIBRAIRES,

RUE GUÉNÉGAUD, N° 25.

1830.

CHAPITRE PREMIER.

LE GRENADIÉR DE L'ILE D'ELBE.

CHAPITRE PREMIER.

Le golfe Juan.

Voici l'heure du soir, si vivement souhaitée sous le beau ciel d'Italie. A cette heure un air pur et frais circule dans l'air et vient raréfier les exhalaisons d'une atmosphère brûlante. La mer Tyrrhénienne, qui réfléchit l'azur d'un beau ciel et les myriades d'étoiles qui scintillent sous sa voûte immense, roule des flots paisibles autour de l'île solitaire, vers laquelle se reportent involontairement les espérances des peuples et les craintes des rois. On dirait que ce rocher, jeté par des révolutions anciennes au milieu de ces ondes poétiques, peut tout à coup être arraché par une main puissante à sa base inconnue, et, gravitant vers le continent, sillonner les vagues comme un navire. Un calme profond l'environne; les derniers rayons du soleil ne projettent plus à l'horizon qu'une lumière pâle et incertaine; un vent léger, chargé des émanations balsamiques des orangers de Toscane, n'effleure qu'à peine la surface des eaux. Ce bruit vague et solennel qui remplit l'immensité et qui est un des mystères de la nature, s'unit au silence du soir sans en troubler l'inexplicable harmonie. Peut-être, comme les pensées de l'homme fermentent long-temps, avant qu'il ne les révèle, dans les profonds replis de son cœur, ce murmure menaçant annonce-t-il des tempêtes à venir.

Si l'on a pu comparer cette île à un vaisseau prêt à mettre à la voile, ce personnage grave et rêveur qui, du haut de cette terrasse du palais de Porto-Ferrajo, promène ses regards sur la mer avec un étrange intérêt, est sans doute le pilote soucieux, préoccupé des dangers de son prochain voyage. Il n'est pas seul ; mais ses compagnons respectueux n'osent troubler ses méditations ; ils attendent en silence une de ses paroles, brèves comme le langage des lois, irrésistibles et puissantes comme elles. La pensée qui remplit son esprit occupe peut-être en secret celui de ses serviteurs et de ses amis.

Depuis quelques jours Napoléon a semblé renoncer au repos qui avait marqué à l'île d'Elbe les jours de son exil. Le sommeil du lion touche à sa fin ; ce n'est plus Dioclétien, à l'abri des tempêtes du trône et plus grand que sous la pourpre impériale, comptant avec joie les fleurs de son jardin, et préférant au sceptre du monde l'humble instrument qui féconde la terre ; c'est César redemandant l'univers à la Fortune. Il déploie de nouveau cette activité prodigieuse dont son organisation énergique pouvait seule supporter les pénibles travaux. Il reprend avec une sorte d'ivresse et de joie ces habitudes militaires auxquelles il avait d'abord renoncé, et dont la privation doit un jour lui coûter la vie dans les rigueurs d'un exil plus affreux mille fois que celui dont il va s'affranchir. Les grenadiers sont passés en revue, leurs armes sont inspectées avec un soin inaccoutumé. En passant au milieu de leurs rangs, Napoléon s'arrête souvent; son œil se reporte avec une noble fierté sur ces mâles visages où la bravoure et la fidélité ont imprimé leur héroïsme. Il parle à chacun d'eux, il se plaît à reporter l'esprit de ces vieux soldats vers les jours de victoire illustrés par leur courage. L'espérance rentre dans le cœur de ces vétérans, mais une espérance vague et qui leur promet la fin prochaine de leur exil, sans leur révéler la nature des nouveaux dangers qu'ils sont appelés à braver. Que leur importe? leur chef sera encore à la tête de cette phalange réduite à un petit nombre d'hommes, mais qui peut se recruter en peu de jours de tout ce que la France renferme de guerriers éprouvés. Vienne donc le jour du combat; ils les retrouvera dignes de leur renommée. Parmi eux se montrent environ quatre-vingts Polonais, patriotes infortunés que l'espoir de la liberté attacha au sort de nos armes, et dont ils ont voulu partager le deuil après avoir participé à sa gloire.

Ce n'est pas sans éprouver une vive émotion que Napoléon contemple ces hommes du Nord, demeurés fidèles à sa personne. Leur dévouement en effet a quelque chose de touchant et de poétique.

Frères d'armes de nos soldats, illustres Polonais, dont nos malheurs ont brisé les saintes espérances, aucun de vous peut-être ne reverra sa patrie en proie à l'étranger; l'aigle impériale ne planera plus sur vos villes désolées, comme un symbole de délivrance et d'avenir national. Vous n'assisterez plus à ces diètes orageuses où la liberté jalouse hésitait à créer des rois. Vos nonces ont oublié les traditions de leurs pères, et la malheureuse Pologne est morte pour l'histoire. Une sympathie que le temps n'a pu diminuer existe encore entre le peuple de France et votre pays. En vain les Français formeront encore des vœux pour vous; l'ambition des rois a peut-être brisé pour toujours le lien qui nous unissait; mais ils ne parviendront pas à vous chasser de nos souvenirs, et le nom polonais, inscrit dans nos fastes militaires, a des droits à leur immortalité.

Le 26 février 1815 est arrivé, et son soleil doit éclairer une journée mémorable. Napoléon a pesé dans sa pensée profonde toutes les chances de la destinée, et il a donné l'ordre à ses soldats de se tenir prêts à partir. Les estafettes se succèdent sur la route, naguère si paisible, de Porto-Ferrajo à Porto-Longone; un mouvement général a été imprimé à cette colonie militaire. Mais on ignore encore quel est le but de ces préparatifs, et vers quel rivage éloigné Napoléon veut conduire ses compagnons. Si quelqu'un a pénétré ses desseins, ou s'il a pu lui-même en confier la pensée, son secret sera gardé comme s'il était toujours renfermé dans son sein. On s'interroge avec mystère, on se communique ses espérances; mais rien ne transpire sur le motif de l'expédition, ni même sur l'heure où l'exécution doit en être commencée. Les soldats revêtent avec une joie muette leur uniforme de voyage. Leur impatience a devancé les ordres de leurs chefs, et ils attendent sous les armes le signal du départ.

Cependant la journée s'est écoulée; et la nuit va surprendre les soldats de Napoléon rangés en bataille sur le port. Les habitans de l'île, qui ont vu avec une inquiétude douloureuse ces symptômes de changement, commencent à espérer que tout va rentrer dans l'ordre accoutumé, et que leurs hôtes glorieux ne les quitteront pas. Tout à coup le bruit du canon retentit, et Napoléon paraît sur le rivage, accompagné de ses principaux officiers; il entre avec eux dans une chaloupe; c'est le signal du départ qui vient de se faire entendre...

Les Elbois avaient pu juger, durant le séjour des Français, de toute l'injustice des préjugés qui avaient précédé leur arrivée. Ils aimaient nos vieux soldats, et ils ne purent se séparer d'eux sans verser des larmes de regret et d'attendrissement. Ils auraient tous voulu partager leur sort et monter avec eux sur les esquifs qui allaient les emporter loin de leur île. Les jeunes gens des familles les plus considérables obtinrent seuls cet honneur, et ils s'élancèrent sur les canots avec les grenadiers de Napoléon. L'embarquement eut lieu au son d'une musique belliqueuse; il fut prompt, comme tous les mouvemens stratégiques de ces guerriers consommés; et bientôt ils s'éloignèrent du rivage, aux cris de Vive l'empereur! répétés long-temps par la multitude qui saluait de ses acclamations l'aventureuse flottille qui emportait au travers des mers César et sa fortune.

Les résultats trop réels de cette fabuleuse entreprise sont d'une gravité telle qu'il nous sera sans doute permis d'interrompre un moment notre récit pour examiner brièvement, mais avec le calme de la raison, la question politique qui se rattache à cet événement. En quittant l'île d'Elbe, il est constant que Napoléon obéit à deux impulsions différentes en apparence, mais qui en effet s'enchaînaient dans son esprit. Il crut réellement que la restauration des Bourbons ne pouvait pas réussir en France; en cela il était dans l'erreur, mais la marche que le gouvernement avait adoptée en 1814 était de nature à lui faire concevoir cette idée. Le succès, qui dépassa peut-être son attente, le confirma davantage dans l'opinion qu'il avait conçue des Bourbons. Aussi, pour atténuer dans l'esprit des peuples les dangers de ce souvenir, a-t-on soutenu avec persévérance que du fond de sa retraite il avait organisé une vaste conspiration, et qu'il reparut en France quand le moment fut jugé favorable par les conjurés. Cette allégation est un insigne mensonge, le caractère de Napoléon et les faits la démentent d'une manière victorieuse. S'il y eut une conspiration, son principal foyer était dans les salons des Tuileries et au congrès de Vienne. On travailla sans relâche à Paris à tout ce qui pouvait amener la désaffection des peuples, et à Vienne toutes les ruses d'une diplomatie tortueuse furent mises en œuvre pour faire prendre à Napoléon la résolution désespérée du 26 février.

Si la croisière anglaise ne fit rien pour empêcher ce fatal événement, il faut avouer ou que la surveillance qu'elle exerçait sur l'île d'Elbe était bien imparfaite, ou que le hasard était aux ordres de Napoléon. Le capitaine Campbell, chargé par son gouvernement d'observer les actions d'un homme dont aucune ne pouvait être indifférente au repos de l'Europe, était dans le port de Livourne au moment de l'embarquement. On abordera plus franchement la question. Le 20 mars fut, relativement à la France, l'œuvre des émigrés et d'un ministère coupable qui trahit tous ses devoirs envers le roi qui avait donné la Charte à son pays; relativement à l'Europe, c'est l'Angleterre seule qui doit en porter la responsabilité. Puisse le sang généreux qui a été répandu dans les champs de Waterloo retomber un jour sur ce gouvernement qui a si souvent outragé la foi des traités et la morale des nations civilisées!

Quant à l'entreprise de Napoléon en elle-même, il est impossible de ne pas convenir que, quelles que fussent les fautes du gouvernement royal, l'empereur n'en était pas juge; et qu'aucun acte public ne le rappelant au trône, son débarquement sur les côtes de France fut un attentat que la victoire pouvait seule légitimer. Cependant il est difficile d'appliquer à un si grand événement les principes ordinaires du droit social; d'ailleurs ce n'est point ici le lieu d'examiner le cas exceptionnel où se trouvaient Napoléon et la France. Rentrons dans le plan que nous avons adopté, et bornons nos efforts à décrire ce qu'il y a d'épique dans ce merveilleux livre de notre histoire moderne.

Une brise favorable enflait les voiles et poussait en pleine mer la flottille de Napoléon. Il montait le brick *l'Inconstant*, de vingt-six canons, qui contenait sur son bord, outre les principaux officiers, quatre cents grenadiers. Six autres bâtimens, d'une capacité moins grande encore, portaient le reste de ses troupes et le peu de matériel qu'on eût jugé à propos d'embarquer. La confiance sans bornes que ces braves soldats eurent toujours dans leur chef ne se démentit pas dans cette circonstance; résignés et presque joyeux d'être appelés à braver de nouveaux dangers, ils attendaient qu'un mot de Napoléon leur apprît enfin le but de l'expédition. Bien qu'ils se communiquassent entre eux, avec la chaleur de l'enthousiasme, les conjectures que leur imagination et l'héroïsme de leur dévouement militaire pouvaient leur suggérer, ces épanchemens de leur amitié fraternelle ne troublaient point le silence qui régnait à bord, et qui n'était interrompu quelquefois que par le roulis des navires et ces craquemens des gréemens et des mâtures qui n'inspirent aucune crainte au matelot.

Lui cependant, calme et paisible, se promenait sur le pont; la sérénité de ses regards, les paroles bienveillantes qu'il adressait à ses grenadiers, une sorte de bonne humeur qui n'altérait point la majesté de son front respecté, enivraient ses compagnons fidèles et loyaux des plus nobles espérances. Leurs visages guerriers respiraient cette audace tranquille qu'ils avaient portée sur les champs de bataille, où, semblables à un rocher de granit contre lequel vient se briser la vague écumeuse, d'intrépides ennemis n'avaient pu ébranler leur stoïque fermeté. Ils passaient la main sur leurs armes avec ce frémissement belliqueux que le jeune Arabe fait entendre en caressant le cou nerveux de son compagnon du désert. Mais aucune voix ne s'élevait vers le chef de ces nobles vétérans pour lui demander où il conduisait leurs pas; il est au milieu d'eux, et là, comme sur le champ de bataille, comme à Arcole, comme aux Pyramides, comme à Austerlitz, sa présence leur suffit; ils savent que Napoléon paye d'un amour de père leur obéissance filiale. Il les comprend, il devine toutes leurs pensées, et déjà plusieurs fois les paroles qui doivent mettre fin à leur incertitude sont venues se suspendre sur ses lèvres. Enfin les vapeurs de la nuit, semblables à un épais rideau, ont enveloppé l'île d'Elbe, et les rayons de la lune, qui éclairent cette scène homérique, ne découvrent plus la verdure de son rivage. Les cris d'adieu de la foule ne se font plus entendre; ils se perdent au milieu des vagues, loin de la flottille, qui poursuit sa course majestueuse. Napoléon a joui assez long-temps de la respectueuse confiance de ses braves; il est temps qu'il leur découvre ses projets.

— Grenadiers, dit-il, nous allons en France; nous allons à Paris!

— Vive la France! vive l'empereur!

Ces cris sont mille fois répétés par les compagnons de Napoléon. Émus d'une pieuse joie au doux nom de la patrie, leur voix était entrecoupée et moins ferme qu'au moment du départ. A peine connaissent-ils la terre sacrée où leur chef les conduit, que ces braves impatiens semblent s'apercevoir que la marche de la flottille se ralentit. Pour la première fois des craintes vagues et involontaires viennent assaillir ces cœurs intrépides. Quand ils comparent la force de leurs embarcations à la puissance navale que l'Angleterre jalouse peut leur opposer, ils redoutent la rencontre de son pavillon... C'est que ce champ de bataille est nouveau pour eux, et que, serrés les uns contre les autres sur le camp mobile et étroit où ils sont rangés, il n'y a pas assez de place pour leur courage. Des vaisseaux du roi de France errent aussi dans ces parages; souvent, du haut des rochers de l'île d'Elbe, les grenadiers ont pu apercevoir le drapeau blanc fleurdelisé qui leur rappelait la patrie; mais ces couleurs, qu'ils n'aiment pas, et dont ils ignorent la nationalité antique et glorieuse, sont du moins portées par des Français; et, pour prix de leur sang qu'ils ont perdu tant de fois, ils demandent au ciel de leur éviter le malheur de tourner leurs armes contre leurs compatriotes. Mais ce n'est point une erreur, la brise a molli; les voiles, qu'aucun souffle de vent ne soulève, tombent sur les cordages, et ce calme désespérant, plus redouté du matelot que les mugissemens de l'orage, vient tout à coup surprendre la flottille de Napoléon.

Aux premiers rayons du jour, toutes les inquiétudes furent justifiées, et les grenadiers, peu habitués aux déceptions des voyages maritimes, se trouvèrent avec étonnement en vue de l'île d'Elbe. Tous les regards se fixèrent sur Napoléon. Il était silencieux et recueilli, mais aucune appréhension fâcheuse ne paraissait altérer la sérénité de ses nobles traits. Les officiers supérieurs et les marins expérimentés, qui entouraient l'empereur, se hasardèrent alors à lui soumettre des observations inspirées par leur fidélité dans cette situation critique; mais il rejeta avec chaleur la proposition qu'on lui fit de retourner à l'île d'Elbe; et étendant son bras du côté de la France, il montra en souriant la seule route que sa destinée lui ordonnât de suivre. Cependant, pour alléger le poids des bâtimens, pour favoriser leur marche, et pour rendre plus facile l'exécution des manœuvres, il fit jeter à la mer tous les ballots qui encombraient les ponts. Cet ordre fut aussitôt rempli avec zèle, et ces braves soldats se séparèrent promptement et sans murmure de tout ce qu'ils possédaient. Ils avaient à conserver un bien plus précieux, l'espoir de saluer bientôt les côtes de France.

On aurait dit que, ne pouvant résister longtemps à la volonté inébranlable de Napoléon, la fortune s'empressait de reconnaître l'ascendant de son génie : le vent fraîchit de nouveau, les voiles se gonflèrent, et un léger roulis qui se fit sentir aussitôt annonça que la persévérance du chef était récompensée. Plusieurs heures avant la fin de cette journée, la flottille impériale était à la hauteur de Livourne, et continuait rapidement sa marche vers l'Ouest. La joie des voyageurs fut un moment troublée par un incident dont la présence d'esprit de Napoléon sut détourner toutes les conséquences fâcheuses qu'il pouvait avoir.

Depuis quelques heures une voile française avait été signalée dans le lointain ; elle marchait en sens contraire de la flottille impériale et venait droit à elle à l'aide d'un bon vent arrière. C'était un bâtiment de guerre, qu'on reconnut bientôt pour être le brick *le Zéphir*. Les projets les plus hardis surgirent aussitôt dans l'esprit des officiers, qui proposèrent de héler le vaisseau et de lui faire arborer le pavillon tricolore. Mais une lutte pouvait suivre le refus de l'officier qui le commandait, et le jugement exquis de Napoléon lui fit entrevoir en un instant tout ce qu'il y avait de dangereux et d'indigne de lui dans une acte de violence semblable. En effet il ne convenait point à celui qui allait reprendre le titre auguste d'empereur des Français, de commettre ses forces, si peu importantes, dans une telle circonstance; c'eût été donner à son entreprise, à peine commencée, un caractère hostile qui aurait compromis la majesté de son rang et peut-être le succès de ses vastes projets. D'ailleurs la flottille impériale, quoique montée par des hommes de cœur, par des soldats intrépides, n'était point armée de manière à tenter les chances d'un engagement naval. La victoire aurait été sans éclat, la défaite irréparable. Aussi dans cette circonstance la sagesse d'Ulysse l'emporta sur le bouillant courage d'Achille. L'empereur résolut d'éluder une reconnaissance explicite; il ordonna à ses grenadiers de se dépouiller de leur coiffure si remarquable et si connue, et il leur prescivit de se placer sur le pont de manière à n'être point aperçus.

Les commandans des deux bâtimens étaient

deux marins également honorables, et qui se connaissaient depuis long-temps; ils se hélèrent mutuellement, et s'adressèrent la parole par les moyens employés en pareil cas. Mais quand le capitaine du brick s'informa de la santé de Napoléon, il prit lui-même le porte-voix, et répondit que l'empereur se portait à merveille.

Le vent, qui chassait les deux navires dans un sens opposé, les plaça bientôt à une grande distance l'un de l'autre.

Quelle imagination assez fertile pourrait ajouter à ces détails simples et vrais et déjà consacrés par l'histoire? ne renferment-ils pas en eux-mêmes tous les caractères de l'épopée la plus romanesque et la plus attachante? Cette flottille qui va bientôt sillonner les eaux du golfe de Provence, ne rappelle-t-elle pas les plus ingénieuses fabulations de l'antiquité? Quel nouvel Homère chantera cette nouvelle Odyssée? Si la fatalité, cette déité redoutable de l'Olympe hellénique, environne d'un si grand et si douloureux intérêt les héros des vieux poëtes, ne domine-t-elle pas aussi la vie de cet homme extraordinaire, qui offrit en peu d'années tous les extrêmes de la fortune?

Cependant les vents et la mer continuent d'être favorables à la flottille impériale. Demain peut-être Napoléon reprendera possession de son empire; son inauguration, qui aura lieu en présence d'une poignée de guerriers et de quelques obscurs montagnards provençaux, sera un acte grave et solennel que toutes les forces réunies de l'Europe suffiront à peine pour briser. Après une longue méditation, Napoléon a commandé le silence autour de lui; il va parler à la France, et ses éloquentes paroles, prononcées sur un esquif au milieu des mers, vont bientôt retentir dans des millions de cœurs généreux, comme elles trouveront encore un écho dans la postérité.

Les bras croisés sur sa poitrine, et dans cette attitude imposante qui révèle en lui l'instinct du pouvoir et de la majesté suprême, dont son pays et son siècle ont subi l'influence, Napoléon dicte les deux mémorables déclarations qu'il adresse à l'armée et au peuple français. Sa pensée forte, énergique, se revêt comme par magie de paroles entraînantes, incisives, qui sont faites pour exciter le plus vif enthousiasme. Son âme de feu semble s'épancher dans ces actes destinés à annoncer son nouveau règne à ses sujets et à l'Europe attentive. Il parle, et plus d'une fois un murmure d'admiration, s'élevant des rangs pressés de ses soldats, vient lui apprendre qu'il a frappé juste, et que sa profonde connaissance du cœur humain n'est point mise en défaut, malgré l'émotion touchante dont lui-même ne peut se défendre. En quelques lignes il a rappelé tous les jours de gloire des armées de la république et de l'empire, et fait ressortir les dangers que courent des droits sacrés, dont se composent tous les siens. Ses premiers mots sont d'une énergique simplicité, qui doivent remplir d'une religieuse espérance tous les Français qui ont porté les armes pour la défense de la patrie. Soldats! dit-il, nous n'avons pas été vaincus!...

Le langage qu'il tient au peuple a la même expression mâle et sévère, mais il diffère entièrement du premier. En rendant hommage à la souveraineté nationale, il explique en peu de mots, mais avec une lucidité frappante, les causes des malheurs qui l'ont momentanément éloigné de la France. Il retrace avec la profondeur de Tacite la différence qui existe entre son gouvernement, créé par le peuple, et celui qui s'appuie sur les traditions douteuses d'un droit mystérieux, antérieur à celui des nations. Il montre l'égalité froissée, la liberté anéantie, toutes les conquêtes de la révolution perdues à jamais; et en reparaissant pour renverser un ordre de choses si funeste, il ne semble obéir qu'à la voix de la patrie qui le rappelle pour guérir ses blessures.

A peine Napoléon a-t-il cessé de parler que des acclamations unanimes saluent l'aurore de son nouveau règne. Il promène autour de lui des regards satisfaits et brillans de tous les feux du génie. Chacun semble partager l'indignation qu'il éprouve contre les traîtres qu'il vient de condamner à une flétrissante immortalité....

Mais quel sentiment grave et pieux s'empare tout à coup des officiers et des soldats qui composent cette aventureuse armée? Tous les yeux se tournent avec attendrissement vers la terre qu'on vient de reconnaître. La flottille est entrée dans le golfe Juan; c'est le pays natal qu'ils revoient. Napoléon s'incline avec respect, et tous ses braves soldats, le front découvert, comme leur chef, saluent les côtes de leur patrie!

POST-SCRIPTUM.

POST-SCRIPTUM

DU CHAPITRE PREMIER.

Le génie de Napoléon se montre tout entier dans les deux proclamations qu'il dicta à bord de *l'Inconstant*, et qui servirent de manifeste à son entreprise. Ces deux actes politiques si remarquables ont été imprimés plusieurs fois; ils ne pouvaient entrer dans le texte même de cet ouvrage; mais on croit devoir les rétablir ici dans toute leur intégrité. En relisant de nouveau ces documens historiques, on comprendra mieux cette révolution des cent jours qui se termina d'une manière si brusque et si funeste : nous les livrons sans autre commentaire aux méditations des lecteurs.

N° 1. Au golfe Juan, le 1er mars 1815.

Napoléon, par la grâce de Dieu et les constitutions de l'empire empereur des Français, etc.,

A L'ARMÉE.

Soldats! nous n'avons pas été vaincus : deux hommes sortis de nos rangs ont trahi nos lauriers, leur pays, leur prince, leur bienfaiteur.

Ceux que nous avons vu pendant vingt-cinq ans parcourir toute l'Europe pour nous susciter des ennemis, qui ont passé leur vie à combattre contre nous dans les rangs des armées étrangères en maudissant notre belle France, prétendraient-ils commander et enchaîner nos aigles, eux qui n'ont jamais pu en soutenir les regards? Souffrirons-nous qu'ils héritent du fruit de nos glorieux travaux, qu'ils s'emparent de nos honneurs, de nos biens, qu'ils calomnient notre gloire? Si leur règne durait, tout serait perdu, même le souvenir de ces mémorables journées.

Avec quel acharnement ils les dénaturent! ils cherchent à empoisonner ce que le monde admire; et s'il reste encore des défenseurs de notre gloire, c'est parmi ces mêmes ennemis que nous avons combattus sur les champs de bataille.

Soldats ! dans mon exil, j'ai entendu votre voix ; je suis arrivé à travers tous les obstacles et tous les périls.

Votre général, appelé au trône par le choix du peuple et élevé sur vos pavois, vous est rendu ; venez le joindre.

Arrachez ces couleurs que la nation a proscrites, et qui pendant vingt-cinq ans servirent de ralliement à tous les ennemis de la France. Arborez cette cocarde tricolore ; vous la portiez dans nos grandes journées. Nous devons oublier que nous avons été les maîtres des nations, mais nous ne devons pas souffrir qu'aucune se mêle de nos affaires. Qui prétendrait être maître chez nous ? qui en aurait le pouvoir ? Reprenez ces aigles que vous aviez à Ulm, à Austerlitz, à Jéna, à Eylau, à Wagram, à Friedland, à Tudela, à Ekmuhl, à Essling, à Smolensk, à la Moscowa, à Lutzen, à Wurtchen, à Montmirail. Pensez-vous que cette poignée de Français, aujourd'hui si arrogans, puissent en soutenir la vue? Ils retourneront d'où ils viennent, et là, s'ils le veulent, ils règneront comme ils prétendent avoir régné depuis dix-neuf ans.

Vos biens, vos rangs, votre gloire, les biens, les rangs et la gloire de vos enfans, n'ont pas de plus grands ennemis que ces princes que les étrangers nous ont imposés. Ils sont les ennemis de votre gloire, puisque le récit de tant d'actions héroïques, qui ont illustré le peuple français, combattant contre eux pour se soustraire à leur joug, est leur condamnation.

Les vétérans des armées de Sambre-et-Meuse, du Rhin, d'Italie, d'Egypte, de l'Ouest, de la grande armée, sont humiliés; leurs honorables cicatrices sont flétries; leurs succès seraient des crimes, les braves seraient des rebelles, si, comme le prétendent les ennemis du peuple, des souverains légitimes étaient au milieu des armées étrangères. Les honneurs, les récompenses, les affections, sont pour ceux qui les ont servis contre la patrie et contre nous.

Soldats! venez vous ranger sous les drapeaux de votre chef; son existence ne se compose que de la vôtre; ses droits ne sont que ceux du peuple et les vôtres. Son intérêt, son honneur sa gloire, ne sont que votre intérêt, votre honneur et votre gloire. La victoire marchera au pas de charge; l'aigle avec les couleurs nationales volera de clocher en clocher jusqu'aux tours de Notre-Dame. Alors vous pourrez montrer avec honneur vos cicatrices; alors vous pourrez vous vanter de ce que vous aurez fait : vous serez les libérateurs de la patrie.

Dans votre vieillesse, entourés et considérés de vos concitoyens, ils vous entendront avec respect raconter vos hauts faits; vous pourrez dire avec orgueil : et moi aussi, je faisais partie de cette grande armée qui est entrée deux fois dans les murs de Vienne, dans ceux de Rome, de Berlin, de Madrid, de Moscou, qui a délivré Paris de la souillure que la trahison et la présence de l'ennemi y ont empreinte. Honneur à ces braves soldats, la gloire de la patrie! et honte éternelle aux Français criminels, dans quelque rang que la fortune les ait fait naître, qui combattirent vingt-cinq ans avec l'étranger pour déchirer le sein de la patrie!

Signé NAPOLÉON, etc.

N° 2. Au golfe Juan, le 1ᵉʳ mars 1815.

NAPOLÉON, par la grâce de Dieu et les constitutions de l'empire empereur des Français, etc.,

AU PEUPLE FRANÇAIS.

FRANÇAIS, la défection du duc de Castiglione livra Lyon sans défense à nos ennemis; l'armée dont je lui avais confié le commandement était, par le nombre de ses bataillons, la bravoure et le patriotisme des troupes qui la composaient, en état de battre le corps d'armée autrichien qui lui était opposé, et d'arriver sur les derrières du flanc gauche de l'armée ennemie qui menaçait Paris,

Les victoires de Champ-Aubert, de Montmirail, de Château-Tierry, de Vauchamp, de Mormans, de Montereau, de Craone, de Reims, d'Arcis-sur-Aube et de Saint-Dizier; l'insurrection des braves paysans de la Lorraine, de la Champagne, de l'Alsace, de la Franche-Comté et de la Bourgogne, et la position que j'avais prise sur les derrières de l'armée ennemie, en la séparant de ses magasins, de ses parcs de réserve, de ses convois et de tous ses équipages, l'avaient placée dans une position désespérée. Les Français ne furent jamais sur le point d'être plus puissans, et l'élite de l'armée ennemie était perdue sans ressource : elle eût trouvé son tombeau dans ces vastes contrées qu'elle avait si impitoyablement saccagées, lorsque la trahison du duc de Raguse livra la capitale et désorganisa l'armée. La conduite inattendue de ces deux généraux, qui trahirent à la fois leur patrie, leur prince et leur bienfaiteur, changea le destin de la guerre; la situation de l'ennemi était telle qu'à la fin de l'affaire qui eut lieu devant Paris, il était sans munitions, par la séparation de ses parcs de réserve.

Dans ces nouvelles et grandes circonstances, mon cœur fut déchiré, mais mon âme resta inébranlable; je ne consultai que l'intérêt de ma patrie; je m'exilai sur un rocher au milieu des mers : ma vie vous était et devait encore vous être utile. Je ne permis pas que le grand nombre de citoyens qui voulaient m'accompagner partageassent mon sort; je crus leur présence utile à la France; je n'emmenai avec moi qu'une poignée de braves, nécessaires à ma garde.

Elevé au trône par votre choix, tout ce qui a été fait sans vous est illégitime. Depuis vingt-cinq ans, la France a de nouveaux intérêts, de nouvelles institutions, une nouvelle gloire, qui ne peuvent être garantis que par un gouvernement national, et par une dynastie née dans ces nouvelles circonstances. Un prince qui régnerait sur vous, qui serait assis sur mon trône par la force des mêmes armées qui ont ravagé notre territoire, chercherait en vain à s'étayer des principes du droit féodal : il ne pourrait assurer les droits que d'un petit nombre d'individus ennemis du peuple, qui depuis vingt-cinq ans les a condamnés dans toutes nos assemblées nationales. Votre tranquillité intérieure et votre considération extérieure seraient perdues à jamais.

Français! dans mon exil j'ai entendu vos plaintes et vos vœux: vous réclamiez ce gouvernement de votre choix qui seul est légitime: vous accusiez mon long sommeil, vous me reprochiez de sacrifier à mon repos les intérêts de la patrie.

J'ai traversé les mers au milieu des périls de toute espèce; j'arrive parmi vous reprendre mes droits qui sont les vôtres. Tout ce que des individus ont fait, écrit, ou dit depuis la prise de Paris, je l'ignorerai toujours : cela n'influera en rien sur le souvenir que je conserve des services importans qu'ils ont rendus; car il est des événemens d'une telle nature qu'ils sont au dessus de l'organisation humaine.

Français! il n'est aucune nation, quelque petite qu'elle soit, qui n'ait eu le droit de se soustraire et ne se soit soustraite au déshonneur d'obéir à un prince imposé par un ennemi momentanément victorieux. Lorsque Charles VII rentra dans Paris et renversa le trône éphémère de Henri VI, il reconnut tenir son trône de la vaillance de ses braves, et non du prince régent d'Angleterre.

C'est aussi à vous seuls et aux braves de l'armée, que je fais et ferai toujours gloire de tout devoir.

Signé NAPOLÉON, etc.

CHAPITRE DEUXIÈME.

CHAPITRE II.

Le déserteur.

Ce golfe sinueux de Juan, que d'âpres roches graniteuses taillées à pic ceignent presque de toutes parts, ce mouillage de Fréjus adhérent à des terres arides, où quelques pâles oliviers trouvent à peine leur nourriture végétale, tiendront néanmoins une brillante place dans l'histoire contemporaine. Ah! sans doute, un jour, dans un avenir lointain, quand notre ordre social aura succombé sous la marche progressive des temps, le navigateur, en voguant légèrement à la hauteur des côtes crayeuses et desséchées de la Provence, subira la puissance des souvenirs qui planeront sur ces bords solitaires. Mais où s'arrêtera sa pensée rêveuse? les cônes blanchis des grandes

Alpes qui bornent l'horizon, le tableau gracieux des belles contrées cachées derrière ces tristes rivages, inspireront-ils la méditation profonde dans laquelle il sera plongée? Non, non : quand le soleil de ces climats ne projetterait plus sur la terre sans verdure que des rayons froids, comme la lumière incertaine qu'il répand sur les pôles glacés, quand la nature s'y dépouillerait de tous ses charmes, cette révolution désolante n'ajouterait rien à l'émotion grave qu'il ressentira en découvrant ces rivages.

En l'an huitième de la république française, quand les soldats de la liberté inscrivaient leurs noms glorieux sur les pyramides, quand le Bédouin étonné voyait flotter dans les plaines sablonneuses de Giseh l'étendard aux trois couleurs, quand la patrie en danger cessa de compter les jours de combats par les jours de victoire, un homme, un général républicain, entra presque seul dans le petit port de Fréjus sur un esquif léger, avec lequel il avait affronté le trident britannique et les vagues des mers d'Afrique. Alors, dit-on, un pouvoir sans noblesse et sans vigueur laissait stupidement outrager la jeune liberté dont il avait reçu le dépôt; alors des traîtres, des transfuges, des factieux, se partageaient d'avance la France humiliée. Leur joie coupable annonçait déjà les malheurs du pays; mais cet homme apparut tout à coup, et un long cri d'espérance et d'enthousiasme populaire accueillit son audace.

Il était jeune alors; mais déjà les veilles militaires, les travaux de la guerre, et je ne sais quelle préoccupation de l'avenir, pénible comme une insomnie, avaient amaigri ses traits pâles, brûlés par le soleil d'Orient. C'était le général Bonaparte, le chef renommé de l'armée d'Italie, et de cette armée d'Égypte, qui venait de s'élever jusqu'à la gloire des légions romaines! Capitaine aventureux, et se jouant déjà des lois de son pays, comme si l'autorité qui était en lui n'en pouvait reconnaître d'autre, il venait demander compte aux législateurs de la France des destinées de la patrie. Lui, seul, sans mandat, sans pouvoir légal, il venait lutter contre toutes les forces légitimes de la société. Le jour où la voix sévère d'un sénateur osera s'élever contre lui, et lui reprocher, au nom de la république, d'avoir abandonné ses drapeaux pour venir jeter son épée dans la balance des intérêts nationaux, il répondra non-seulement comme le grand Scipion en rappelant ses victoires, mais encore comme un juge irrité, et ce jour-là le sénat cessera d'exister. Par un effet inconcevable de l'ignorance profonde et de l'inconstance populaire, ce grand attentat n'excitera que des protestations isolées, et il s'accomplira au milieu des applaudissemens de la multitude. La marche du général sera une longue suite de triomphes depuis Fréjus jusqu'à Paris; partout son retour sera salué comme l'aurore de ce bonheur toujours souhaité, perpétuelle déception des nations civilisées! Il se reposera sous la voûte pavoisée des arcs triomphaux; les magistrats, à la tête des populations, viendront le complimenter; et, porté ainsi sur les pavois, environné spontanément des pouvoirs de la dictature, qui osera lui résister? C'est le tribun du peuple, et nul magistrat ne le fera arrêter par ses licteurs; le sénat, en tumulte, cessera ses délibérations en sa présence; un plébiscite l'a absous pour le passé comme pour l'avenir.

Et cependant à quoi tiennent donc les destinées des nations? si dans ce directoire trop décrié, dans ce pouvoir qui s'était trop hâté de dépouiller la sombre austérité de la convention nationale, il s'était trouvé un seul homme qui à l'énergie du patriote eût joint l'inflexibilité du magistrat, c'en était fait de quinze ans d'une gloire achetée plus tard par la France au prix de si grands sacrifices. Mais peut-être la liberté eût-elle été sauvée, et du moins si la république n'avait dû être pour la France qu'un temps d'épreuve, le retour à un ordre de choses plus conforme à ses besoins aurait été garanti par un contrat que le délire d'aucune faction n'aurait pu violer. Il n'en fut point ainsi; quelques balles dirigées par des mains obscures devaient briser le front audacieux qui s'élevait au dessus des lois; le général méritait la mort : ce fut un trône qu'il trouva (1).

(1) Le retour en France du général Bonaparte, en l'an **VIII**, n'est point envisagé sous le même point de vue par tous les historiens de la république et par les biographes de Napoléon. Je sais que la majorité des écrivains, adoptant l'opinion que manifesta alors la plus grande partie de la France, a regardé cet événement

Le premier mars 1815 va voir recommencer cette scène étonnante. Ce n'est plus cet illustre jeune homme, ardent, impétueux, mais encore irrésolu, qui revient dans sa patrie chargé des palmes conquises sur une terre lointaine. Ce n'est plus le chef républicain à qui l'ivresse publique va donner des rêves d'ambition, en lui montrant comme faciles à réaliser des vagues projets que l'orgueil de

comme une nécessité politique de l'époque, et qui sauva la patrie en danger. Cela est possible en fait, cependant je ne le crois pas. La France n'avait pu descendre aussi bas que sa destinée dépendit d'un seul homme. Il y avait dans nos braves armées plus d'un illustre chef déjà connu de la victoire et qui aurait pu rétablir, aussi bien que le général Bonaparte, la gloire de nos armes. La France était en paix avec elle-même, c'était beaucoup; et son gouvernement seul ne valait rien pour les circonstances. Le partage du pouvoir exécutif entre cinq personnes était une combinaison monstrueuse, qui ouvrit une large route aux intrigues et aux projets des factieux. On a reproché au directoire d'être un gouvernement faible, et c'est un coup d'autorité qui l'a perdu, car c'est le 18 fructidor qui a enfanté le 18 brumaire.

Au surplus, la vie de Napoléon n'a guère été jusqu'à

son génie avait fait naître dans son âme. La république a disparu, l'empire lui-même s'est écroulé, une ancienne dynastie a repris le chemin du trône. C'est cependant sur le même rivage que le même homme après un court exil reparaît encore pour changer en quelques jours la fortune politique de la France.

On dit qu'au moment où la flottille impériale arriva en vue de la côte, Napoléon se rappela tout à coup ce retour d'Égypte qui avait eu pour lui des suites si extraordinaires

ce jour qu'un sujet d'apologies emphatiques ou de calomnies atroces et cruelles. L'auteur de ce livre est éloigné de ces deux extrêmes, entre lesquels la postérité a seule le droit de prononcer; mais il désire qu'on ne se trompe pas sur le caractère de l'admiration qu'il a vouée à ce grand homme : elle ne s'adresse qu'à ce qu'il y a en lui de poétique et d'individuel et non aux actes politiques auxquels il a pris part. Quant au 18 brumaire, il pensera toujours que ce fut un complot digne du dernier supplice, et dont tous les auteurs méritaient de subir la peine capitale. Avant toutes les nécessités sociales, il place le respect inviolable dû à la loi, car, comme l'a dit un honorable et savant député : *Il n'y a pas de droit contre le droit.*

et peut-être si inattendues. Ce souvenir avait quelque chose de grave dans les circonstances où il venait frapper son esprit. Ses compagnons s'alarmèrent un instant de l'état moral de leur chef. Il était rêveur et silencieux sur le pont du brick, entouré de marins qui se préparaient à exécuter la manœuvre d'embossage. Ils prirent pour la tristesse du découragement la méditation contemplative dans laquelle il était plongé. Mais Napoléon se retrouvant après une longue suite d'années aux lieux où sa fortune avait pour ainsi dire commencé, venant redemander l'empire à ce même peuple qui avait jadis accueilli le héros de la république, ne pouvait s'échapper à lui-même. Les illusions de l'espérance, la confiance dans son génie et dans une nation enthousiaste que ses malheurs étaient loin de lui avoir aliénée, dissipèrent bientôt tout ce qu'il y avait de triste et de pénible au fond de sa pensée. En comparant en lui-même les deux époques où le golfe Juan le revoyait tout à coup d'une manière si imprévue, il ne trouva rien qui pût jeter le découragement dans son cœur, ni ébranler ses hautes résolutions. Homme tout-puissant par son organisation, il avait l'orgueil du génie; et il dut penser que le peuple français ne pouvait hésiter entre lui et les princes qui, héritiers des droits de leurs ancêtres, ne paraissaient pas vouloir reconnaître toute la force du mouvement social qui s'était opéré en leur abscence.

Le signal fut donné; les grenadiers se précipitèrent dans les canots qu'on lança à la mer, et pour la première fois il y eut du désordre dans leurs rangs; car chacun d'eux voulait descendre le premier sur la terre de France. Ils étaient comme des enfans qui se disputent les caresses de leur mère. Mais on signala au même instant une frégate qui, faisant force de voiles, paraissait dirigée contre l'expédition... Le brick monté par l'empereur, placé entre le rivage, où le peu de profondeur des eaux aurait gêné ses manœuvres, et un vaisseau de haut-bord, dont les intentions ne pouvaient qu'être hostiles, était ainsi dans le plus grand danger si une lutte s'était engagée. Déjà les soldats qui avaient débarqué les premiers rentraient en foule dans les canots pour voler au secours de leur chef adoré, quand une frêle embarcation toucha la terre et que les cris mille fois répétés de Vive l'empereur! vive la France! annoncèrent aux braves que Napoléon était au milieu d'eux...

La frégate disparut dans le lointain, et il est à présumer que sa destination n'était point celle que lui supposaient les compagnons de Napoléon dans leur vive sollicitude pour lui. A peine se fut-il élancé sur la terre que ses soldats l'entourèrent avec empressement, comme pour s'assurer que c'était bien lui qu'ils revoyaient sur le sol de la patrie, où sa volonté les avait ramenés. Ils l'appelaient leur père, et, dans leur joie expansive, ils baisaient ses vêtemens et touchaient ses mains glorieuses, insoucians désormais de l'avenir et des dangers qu'ils avaient à braver. Napoléon partagea un moment ce paroxysme de joie et de bonheur; il jeta autour de lui des regards attendris, et entr'ouvrit ses bras, où ces plus illustres compagnons se jetèrent tour à tour en pleurant d'enthousiasme. Tout à coup, les grenadiers de la garde impériale, obéissant à l'impulsion de leurs anciennes habitudes militaires, formèrent leurs rangs avec autant d'ordre et de précision que dans la cour des Tuileries, et rendirent à l'empereur les honneurs accoutumés. L'aigle et le drapeau tricolore remplacèrent alors le drapeau de l'île d'Elbe, et la cocarde de la république brilla de nouveau, comme un symbole de la victoire, sur les bonnets à poils de ces braves vétérans. De grands événemens se décidaient ainsi sur cette plage presque déserte, non loin de laquelle Napoléon manifesta l'intention de s'arrêter un moment. Son lit, qui fut aussitôt dressé au milieu du bivouac de sa garde, se trouva adossé à des oliviers !... Présage trompeur que la fortune ne devait pas réaliser....

A peu de distance de ce mouillage à jamais célèbre, et sur une colline d'où l'on découvre les eaux du golfe, quelques paysans provençaux étaient occupés à tailler les vignes et à élaguer les oliviers. C'était l'heure où le soleil du midi darde sur la terre ses rayons brûlans, et où les habitants de ces contrées sont forcés d'interrompre leurs travaux. Ils se retirent alors sous le feuillage épais des sycomores, dont la rapide végétation leur offre déjà un abri verdoyant même à cette époque de l'année. On aurait pu compter six personnes qui paraissaient former une famille; le père et la mère, trois grands et robustes garçons et une jeune fille, au teint hâlé, mais à l'œil perçant et au sourire agréable. L'un des garçons, celui qui semble être l'aîné, porte encore une veste courte découpée sur le devant, et où sont attachés des boutons en métal qui portent le chiffre d'un régiment d'infanterie. Il est triste et rêveur, et prend peu de part à la conversation qui a lieu entre les divers membres de sa famille. Le galop d'un cheval qui longeait le revers de la colline, se fit tout à coup entendre; ce bruit attira l'attention de ces bonnes gens.

Le cavalier était un homme d'environ cinquante ans; il portait à sa boutonnière le ruban de divers ordres étrangers. Il fit plusieurs fois le tour de la terre où travaillaient les paysans; s'arrêta pour prendre des notes, qu'il écrivit au crayon sur un souvenir vert et armorié; puis il poussa droit à eux.

— A qui appartient ce champ? dit-il d'un ton bref et sévère, sans porter la main à son chapeau.

— A moi, répondit le père avec la brusquerie provençale.

— A vous !... C'est-à-dire que c'est vous qui êtes aujourd'hui le détenteur d'un bien dont la révolution a spolié une famille noble, que vous connaissez sans doute.

— On nous a déjà dit quelques mots à cet égard, répliqua le jeune homme qui avait conservé quelque chose de l'uniforme militaire ; mais ce bien est à mon père, et nul ne l'en dépossédera sans risque pour sa vie. Entendez-vous, Monsieur ?

En parlant ainsi il se leva, et, s'avançant avec résolution, il s'arrêta devant le cavalier, et se mit à l'examiner d'un air menaçant en croisant ses bras sur sa poitrine.

— Oui, reprit le cavalier en souriant avec mépris ; je vous comprends fort bien, mais je ne suis pas venu ici pour discuter avec des gens comme vous....

—Des gens comme nous !... reprit le soldat avec colère et en s'armant d'une serpe.

— Des menaces, je crois; de la violence !...
Bah !... Vous n'y pensez pas. Le règne de
l'usurpateur est fini, c'est le roi qui est à
Paris; entendez-vous bien, le roi ! et nous
saurons maintenant vous mettre à la raison....

— Arrête, Pierre, s'écria le père en retenant son fils qui se précipitait sur le cavalier. Tu vas te faire une affaire avec un noble,
avec un ci-devant ; ils portent aujourd'hui le
chapeau plus fièrement que nous. Fais-y attention, Pierre !

Le cavalier n'attendit pas le résultat de cette
intervention ; il éprouva un mouvement de
terreur assez prononcé, et, piquant des deux,
il s'éloigna en proférant des menaces. La famille, mais surtout le père et la mère parurent vivement affectés de cette scène imprévue, et ils se communiquèrent d'une voix
tremblante les craintes que leur suggérait
l'étrange démarche du marquis de ***, dont le
curé avait déjà pris le sujet pour texte de plusieurs de ses prônes.

— Je vous le disais bien, père, reprit le

jeune homme ; oui, je vous le disais bien, que tous ces changemens n'ameneraient rien de bon. Voilà que vous regrettez l'empereur maintenant ; car, sous son règne, les marquis ne redemandaient le champ de personne. Vous verrez qu'on vous le prendra... Oh! les Français méritent tout ce qui leur arrive.

Il s'assit à l'écart, et demeura quelque temps plongé dans une méditation profonde. Peut-être sa pensée de soldat, traversant la mer dont les flots battaient les rochers voisins, appelait-elle le retour de celui dont il venait d'invoquer le règne comme un bonheur populaire. Tout à coup le cri de Vive l'empereur! répété par les échos du rivage, frappa son oreille; son cœur bondit d'espérance et de joie; il ne se trompait pas... Se relevant aussitôt avec une sorte de frémissement, semblable à celui d'un homme qui échappe d'une manière inattendue à un affreux danger, il promena ses regards étonnés sur la plage, et au loin sur la mer. C'étaient bien des navires qui abordaient dans un mouillage inaccoutumé; c'était bien le drapeau tricolore dont le vent agitait les plis onduleux; le drapeau tricolore, surmonté d'un aigle semblable à celui de son régiment; c'était bien l'uniforme de la vieille garde impériale qu'il revoyait... Non, ce n'était pas une illusion, tout cela était une réalité éloquente.

— Père!... mes frères, venez donc! Voyez là-bas.....

— Vive l'empereur! vive la France!...

— Oh! oui, oui, accourons tous, il revient; vive l'empereur! vive la France!

Napoléon accueillit ces bonnes gens avec une extrême bonté; ils étaient les premiers Français qu'il rencontrait au retour de l'exil; l'expression naïve de leur joie fut pour lui, dans ce moment de trouble et d'émotion, comme un heureux symptôme, précurseur de la réception que le peuple français allait lui faire. Il interrogea le père de famille, et apprit, non sans étonnement et sans indignation, ce qui venait de se passer; il le rassura pleinement sur l'avenir, et consentit à recevoir Pierre dans sa garde. Ce jeune homme embrassa ses parens, et se mêla joyeusement aux braves qui accompagnaient l'empereur.

— Vous le voyez, Messieurs, dit-il en souriant aux officiers qui l'entouraient, voilà déjà du renfort.

La faible armée de Napoléon attendait ses ordres avec une sorte d'impatience et d'anxiété, tandis que lui-même, se promenant dans le bivouac en causant avec les officiers-généraux qu'il affectionnait davantage, semblait s'abandonner à tout le charme d'un repos qui suit une grande et importante victoire. Il s'était comme dépouillé de cet extérieur sévère et imposant qui le distinguait. Tout au bonheur de revoir la France, dont il parlait avec un enthousiasme filial, on aurait dit que sur cette côte déserte il avait mis le pied sur la première marche de son trône. Il parlait avec une sorte d'abandon et de gaîté, avec cette familiarité bienveillante qui lui a conquis l'immuable attachement de tous ceux qui ont eu l'honneur d'être admis dans sa confiance et d'être témoins de sa vie privée.

— La nouvelle de mon retour, disait-il, va

produire à Paris un étrange effet ; tous ceux qui m'ont tourné le dos vont se trouver dans un grand embarras. Qu'ils se rassurent ! je ne veux de mal à personne; je ne reviens pas pour me venger, mais pour rendre à la nation des institutions qui lui sont chères. On m'a peint aux Bourbons comme un mangeur d'hommes, je les plains; mais je crois voir d'ici la peur que je vais leur causer. Mes maréchaux et les puissances de ma cour partageront sans aucun doute la crainte et l'hésitation que je vois régner aux Tuileries. Je leur ai fait trop de bien pour qu'ils me fassent du mal; je les connais mieux qu'ils ne me connaissent, ils ne m'aiment peut-être pas, mais ils m'ont toujours respecté. Ils viendront à moi s'ils me croient le plus fort et quand ils auront sauvé les apparences. Puis laissant ce sujet qui lui inspira encore plusieurs saillies, il reprit d'un ton plus grave : Notre chemin est de traverser le Dauphiné. C'est un pays où je sais que l'amour de la liberté est inné. Vous allez voir des populations laborieuses et éclairées. Nous serons bien reçus. Les Dauphinois me sont dévoués moins pour moi que pour les intérêts que je représente. Je suis décidé. La marche que nous allons commencer est pénible; elle se fera au milieu d'une contrée hérissée de montagnes d'un accès difficile. Je donnerai l'exemple. Mes braves grenadiers qui ont fait la guerre en Catalogne ne me laisseront pas en chemin. J'ai appris que le général Corsin commandait à Antibes. J'ai préparé des dépêches pour lui. Il faut qu'un officier intelligent accompagné de quelques hommes de ma garde, marche vers cette place. Qu'il se garde bien d'y entrer. C'est aux soldats qu'il doit d'abord s'adresser... Allons, Messieurs, en avant! Le plus grand obstacle est vaincu.

Les ordres de Napoléon furent aussitôt exécutés. A onze heures du soir, il monta à cheval, et ses compagnons d'exil, pleins d'ardeur et d'enthousiasme, quittèrent la plage, en le saluant de nouveaux cris de Vive la France! Vive l'empereur! On marcha toute la nuit, et l'on ne s'arrêta dans la journée du lendemain que le temps à peine suffisant pour reprendre des forces. Le plus ordinairement, Napoléon était en tête de la colonne; souvent à peu près seul quand il ne s'avançait pas entouré des paysans qui accouraient sur son passage. C'est ainsi qu'on traversa successivement Cannes, Grasse, Sernon et Barême. Les habitans de ces diverses localités lui donnèrent des témoignages non équivoques de la joie que leur causait son retour. Ils accueillaient ses soldats avec empressement; mais dans ces contrées éloignées du centre des lumières, et où les idées religieuses mal comprises sont entièrement dirigées par des ecclésiastiques dont, pour la plupart, les connaissances ne sont guère au dessus de celles des gens du pays, le retour de l'empereur, qu'on leur avait peint comme un hérétique excommunié, ne pouvait exciter les transports unanimes qui éclatèrent bientôt sur ses pas. Il ne s'y trompa point, et dès ce moment il ne douta plus du succès de sa vaste et périlleuse entreprise.

On avait été forcé par les difficultés naturelles d'un sol montagneux, coupé par des torrens et de larges précipices, de changer l'ordre de la marche; Napoléon avait jugé inutile de conduire plus loin les quatre pièces d'artillerie qu'on avait amenées de l'île d'Elbe. Les braves Polonais s'avançaient avec intrépidité, chargés du poids de leurs selles, dont on les débarrassait au fur et à mesure qu'il était possible de se procurer des chevaux, qui sont moins utiles dans ces montagnes que les mulets, dont l'usage y est général.

L'empereur ne songeait point à sa sûreté, il ne la croyait pas menacée; les Français, au milieu de leurs troubles politiques, ont rarement dégradé leur caractère national par des attentats qui perdent les factions assez lâches pour en concevoir l'idée. Quelques grenadiers suffisaient à sa garde; il n'avait pas auprès de lui à Digne plus de dix cavaliers et de vingt hommes de pied, et cependant l'esprit public qui se manifesta à cette époque dans toute la Provence, avait de nombreux adhérens dans cette ville où néanmoins la joie du peuple imposa aux mécontens. On ne prenait que fort peu de précautions militaires; quand l'empereur avait résolu de passer la nuit ou de s'arrêter dans une localité, un peloton de grenadiers allait bivouaquer à un quart de lieue en avant et formait ainsi une sorte d'avant-garde, pour le cas extraordinaire où un obstacle imprévu se serait tout à coup présenté.

Dans la nuit du 4, le brave Lambert faisait partie de ce poste, dont les grenadiers de la vieille garde se disputaient l'honneur de supporter le surcroît de fatigues. Le peloton de garde était commandé par ce vieux sergent qu'on a vu à l'île d'Elbe si rigoureux sur tout ce qui concernait le service. Il avait placé ses sentinelles, et de temps en temps il entendait avec satisfaction retentir le cri d'avertissement en usage dans les places menacées : Sentinelle, prenez garde à vous ! Les grenadiers dont l'heure de faction n'était point sonnée, succombant à la lassitude causée par la marche forcée qu'ils faisaient depuis quatre jours, s'étaient couchés à quelque distance du feu du bivouac, et dormaient profondément sur la terre humide avec leur havre-sac pour oreiller. Il ne restait auprès du foyer que le vigilant sergent et Lambert. La flamme qui répandait autour d'eux une clarté rougeâtre et vacillante, faisait ressortir dans l'ombre les traits sérieux et pensifs des deux vétérans, qui ressemblaient ainsi à deux héros d'Ossian, méditans sur la colline la veille d'un combat.

— Eh bien! Lambert, dit le sergent, vous n'avez pas envie de faire comme les autres, de prendre un peu de repos?

— Depuis que nous sommes en France, sergent, je n'ai pu fermer l'œil. Croiriez-vous que je suis tourmenté, sans savoir au juste pourquoi? Moi qui n'ai jamais pensé à l'avenir, j'y songe... Tenez, sergent, l'empereur ne prend pas assez de précautions, je suis mécontent.

— Chut! Lambert, reprit le sergent en jetant autour de lui un regard scrutateur; que cela se dise entre nous. Lambert! je pense comme vous, mon cher. Le paysan est assez bon enfant ici, on ne peut pas dire le contraire: mais n'importe! qui sait ce qui peut arriver?.. Notre empereur se livre trop.

— Ecoutez, sergent. Ces montagnes que vous voyez devant nous sont voisines de celles de mon pays: j'ai une fameuse envie de prendre l'avance... Si vous vouliez, sergent, mais il faut me garder le secret, oui, je partirais, j'éclairerais la route... On ne se gênera pas devant un homme seul; je saurai ce qui se passe, et vous me retrouverez dès qu'il y aura du danger.

— Lambert! Lambert! vous êtes un bon garçon, répondit le sergent dont un sourire grave et passager souleva la moustache grise. C'est bien, et je vous approuve...

— Dites donc, sergent; mais je pense à une chose : si l'on allait... Ça ne peut pas sortir de ma bouche.... Si l'on me prenait pour un déserteur....

— Allons donc! Le premier qui s'en aviserait se couperait le ventre avec moi, persuadé que vous me rendriez le même service dans l'occasion, Lambert.

— Avec plaisir, sergent.

Les deux braves se serrèrent la main avec expression, et Lambert, mettant aussitôt son projet à exécution, prit un chemin détourné pour éviter les sentinelles placées en avant sur le chemin, et disparut dans l'ombre.

A peine Napoléon et ses soldats eurent-ils mis le pied sur le sol dauphinois que, s'ils avaient pu concevoir d'abord quelque incertitude sur le résultat de leur invasion, l'enthousiasme extraordinaire qui se manifesta à leur approche dut les convaincre que la France était à eux. Ils avaient devancé la renommée dans leur marche rapide, et souvent ils arrivaient dans les villages, en même temps que le bruit de leur départ de l'île d'Elbe. Il est certain que les autorités supérieures qui ne se rangeaient pas du parti de Napoléon ne songeaient qu'à la fuite, et que sans le non-succès de la tentative sur Antibes, l'empereur serait entré dans Grenoble avant que le gouvernement royal eût reçu l'avis de son débarquement.

Ce n'étaient plus de stériles acclamations qui accueillaient le héros de la France; les hommes des montagnes, en lui tenant un langage austère et ferme, lui offrirent le tribut d'un dévouement patriotique sans exemple dans les annales de l'histoire. En le nommant leur père et le défenseur de leurs droits méconnus, ces populations énergiques voulaient se lever en masse et former son avant-garde. Napoléon les remercia avec un profond sentiment de reconnaissance et d'admiration, qui donnait à ses paroles un caractère de grandeur digne du peuple à qui elles s'adressaient. Le succès dépassait peut-être son attente; car il n'avait pu compter sur une adhésion si prompte, si universelle. Ce fut alors qu'une noble crainte assiégea l'âme de Napoléon, crainte qu'il manifesta souvent dans les mêmes termes.

— Ah! disait-il à ses amis, que deviendront les patriotes jusqu'à mon arrivée à Paris! s'ils ne peuvent comprimer l'élan de leur cœur comme ces braves gens, on peut prendre contre eux des mesures atroces. Je tremble que les Vendéens et les émigrés ne les massacrent. Malheur à eux s'ils y touchent! je serai sans pitié.

La ville de Gap, capitale du haut Dauphiné, et la première localité un peu importante, à cause de sa situation, où Napoléon allait entrer, se porta tout entière au devant de lui. Dans ce pays peu riche, où l'industrie agricole est à peu près la seule ressource des habitans, jamais fête plus brillante ne fut plus rapidement improvisée. Il retrouva dans les murs de cette intéressante cité les traces encore vives de l'esprit public qui avait sauvé la France, et maintenu l'intégrité de son territoire, lors de la première coalition contre la liberté. Voici les paroles graves et solennelles par lesquelles l'empereur fit ses adieux aux habitans de ces montagnes :

« Citoyens, j'ai été vivement touché de tous les sentimens que vous m'avez montrés. Vos vœux seront exaucés ; la cause de la nation triomphera encore. Vous avez raison de m'appeler votre père ; je ne vis que pour l'honneur et le bonheur de la France. Mon retour dissipe vos inquiétudes ; il garantit la conservation de toutes les propriétés, l'égalité entre toutes les classes : et ces droits dont vous jouissiez depuis vingt-cinq ans, et après lesquels vos pères ont tant soupiré, forment aujourd'hui une partie de votre existence.

» Dans toutes les circonstances où je pourrai me trouver, je me rappellerai toujours avec un vif intérêt ce que j'ai vu en traversant votre pays! »

Cependant Napoléon allait entrer dans le département de l'Isère, dont l'accession à sa cause pouvait jeter un si grand poids dans la balance de sa destinée nouvelle. Six jours s'étaient écoulés depuis son débarquement, et aucune force publique n'était venue encore protester au nom du roi de la violation du territoire. Il marchait en triomphateur, en souverain. Mais il ne se dissimulait pas que rien ne serait décidé, tant qu'une collision quelconque ne l'aurait pas mis en présence de l'autorité qu'il venait attaquer. Ce moment solennel ne tardera pas à couronner son audacieuse espérance.

L'abord difficile de ces contrées, l'aspérité des routes, la rapidité de la marche, ne permettaient pas à la faible colonne sur laquelle s'appuyaient les grands desseins de Napoléon de conserver beaucoup d'ordre. Il marchait au milieu de ses grenadiers, dont la chaussure mise en pièces par les rochers avait laissé ensanglanter leurs pieds déchirés par les ronces, meurtris par la fatigue. Ceux à qui de cuisantes douleurs n'auraient pas permis de continuer la route étaient emportés par leurs compagnons sur des brancards improvisés avec des fusils. Quiconque aurait vu dans cet état déplorable cette poignée d'hommes aventureux, qui venaient renverser un gouvernement établi et qui pouvait disposer de tant de moyens de défense, n'aurait pas douté de leur chute prochaine et d'une catastrophe imminente. Ce fut en jetant des regards douloureux sur ce tableau, où l'héroïsme militaire triomphait de la nature, que Napoléon se souvint d'un grenadier de sa garde, dont il avait eu l'occasion de connaître le noble dévouement et l'entier attachement à sa personne. Le hasard voulut que le vieux sergent dont on a déjà parlé marchât dans ce moment auprès de l'empereur. Ce fut à lui qu'il s'adressa, avec le ton familier qu'il avait l'habitude d'employer envers ses soldats.

— Sergent, n'est-ce pas dans ta compagnie que se trouve le grenadier Lambert ? où est-il? je le cherche des yeux depuis deux jours; c'est un brave que j'estime.

— Je vous remercie pour lui, Sire, répondit le sergent, dont l'embarras n'échappa point à Napoléon. Mais vous dire où est Lambert..... je n'en sais rien, Sire.

— Serait-il demeuré en arrière? demanda l'empereur avec intérêt.

— En arrière! Oh! non, Sire; ce ne sont pas des gaillards comme lui qui restent avec les bagages.

— Enfin, où est-il? je veux le savoir.... M'aurait-il abandonné? ajouta-t-il à voix basse; réflexion que probablement le sergent n'n tendit pas.

— Tout ce que je puis vous dire maintenant, Sire, c'est qu'il manque à l'appel depuis deux jours. Mais soyez tranquille, il reviendra.

Dans ce moment un officier supérieur

s'approcha de l'empereur, et lui communiqua diverses dépêches, qui ne lui permirent pas de continuer cet entretien.

— Lambert est un bon enfant, murmura le sergent qui s'éloigna à dessein pour éviter un nouvel interrogatoire; mais je ne pouvais pas me battre avec l'empereur.

Napoléon fut involontairement frappé de l'absence de Lambert; cet incident, quelque peu important qu'il paraisse, l'affecta beaucoup. Il en parla aux généraux qui l'accompagnaient avec plus de chaleur et de chagrin que cette circonstance n'en comportait. Elle était grave à ses yeux. Il croyait sans doute pouvoir compter sur tous les braves qui l'avaient suivi à l'île d'Elbe; il n'osait pas douter de la fidélité d'un soldat qu'il avait honoré d'une bienveillance particulière; mais sa disparition inattendue l'affligeait. Un homme, un souverain, qui avait fait l'épreuve personnelle de l'inconstance humaine, dont le cœur avait été déchiré par l'ingratitude et l'abandon de ceux qu'il aimait le plus, qu'il avait comblés des plus hautes faveurs, était bien excusable de penser qu'un soldat, rebuté par la fatigue et les dangers, s'était enfin lassé de partager son sort. Néanmoins cette pensée n'entrait que vaguement dans l'esprit de l'empereur; car il était plus affligé qu'irrité. Il demanda brusquement les contrôles de la compagnie de Lambert, et à côté de son nom, il lut ces mots qui le firent tressaillir....... déserteur ! Il ne pouvait donc plus douter de la défection de ce grenadier, et le regret que Sa Majesté en éprouva fut si vif qu'elle en parla aux personnes qui l'entouraient.

Long-temps après, sur le rocher de Sainte-Hélène, Napoléon, en reportant ses souvenirs mélancoliques vers les jours d'illusions qui bercèrent son retour, s'est plu à rappeler souvent cette anecdote. Oui, quand dans sa reconnaissance expansive, il parlait du beau dévouement de ses soldats, il avouait avec attendrissement l'injuste soupçon qu'il conçut un moment sur l'un d'entre eux, et il racontait avec émotion comment ce fidèle guerrier avait dissipé d'aussi fâcheuses préventions.

A quelques lieues de Corp, dont la colonne était partie le 7 mars à deux heures du matin (ici les dates sont importantes), on entra dans les vallées supérieures du département de l'Isère. Au point du jour on était dans celle de Beaumont, entre Saint-Bonnet et Saint-Martin, quand tout à coup le tocsin se fait entendre. L'empereur donne avec étonnement le signal de la halte; et déjà ses braves compagnons se serrent autour de sa personne, résolus à lui faire un rempart de leurs corps et à mourir pour lui. Après quelques momens d'hésitation, on vient apprendre à Napoléon que les villages voisins se sont insurgés à la voix d'un soldat de sa garde, et que la population s'est levée en masse en sa faveur. Bientôt les cris de Vive la liberté! Vive l'empereur! répétés par les échos de ces montagnes, confirment ces heureuses nouvelles. Une foule nombreuse, armée de fusils de chasse, de faux et de sabres, descend d'une colline, et vient entourer l'empereur, en bénissant son retour et en protestant de son dévouement à la cause nationale. Mais au milieu de ces rangs, où éclate l'enthousiasme le plus exalté, Napoléon découvre un groupe qui attire particulièrement son attention. Des jeunes gens portaient dans un fauteuil un vieillard vénérable, revêtu d'un ancien uniforme militaire et qui s'appuyait sur un grenadier de la garde impériale, dont le bonnet à poils s'élevait au-dessus de toutes les têtes. C'étaient Lambert et son père.

Les neuf mois qui s'étaient écoulés depuis le départ de Lambert pour l'île d'Elbe avaient exercé sur la santé du vétéran une funeste influence; il ne s'éloignait plus de sa maison, et il avait besoin d'un secours étranger pour quitter son lit au lever de l'aurore, suivant son habitude, et pour s'y remettre le soir. Les jeunes gens du village avaient aidé Marguerite à remplir les saints devoirs de la piété filiale. La vue du vieillard commençait à se couvrir d'un triste nuage, et il avait de la peine à reconnaître les objets à une certaine distance. Napoléon jugea promptement avec sa sagacité ordinaire les motifs de l'absence de Lambert, et il descendit aussitôt de cheval pour recevoir un hommage, inouï dans les fastes du pouvoir, hommage dont sa grande âme était faite pour comprendre toute la beauté.

— Me voilà, Sire, dit Lambert; je viens présenter à Votre Majesté mon vieux père, un ancien soldat, et tous ces braves garçons mes compatriotes.

— Je ne puis vous voir qu'imparfaitement, ajouta le vieillard d'une voix tremblante; je regrette que mes yeux ne me permettent pas de contempler le plus grand général de notre temps..... Mais qui presse donc ainsi ma main?...

— C'est moi, Monsieur, c'est l'empereur, dit Napoléon avec émotion; laissez-moi rendre hommage en vous aux vieux souvenirs de la patrie et à son ancienne gloire militaire.

— Étienne, dit le vieillard à son fils, que ton empereur est bon!... Sire, votre voix me rappelle celle du maréchal de Saxe; il était comme vous l'ami du soldat; intrépide sur le champ de bataille, il était dans le camp le meilleur des hommes et le plus humain des chefs...

— Digne vétéran, reprit l'empereur, vous avez bien rempli votre carrière; elle a été honorable... Le maréchal de Saxe était un grand général... Il ne vous a manqué à tous qu'une belle cause à défendre. Mes soldats auront droit à une plus longue renommée, parce qu'ils ont défendu la liberté de leur pays; mais les querelles particulières des rois ne peuvent intéresser la postérité.

— Sire, ne fera-t-on aucun mal aux Bourbons?... Comme on les a trompés, d'après tout ce que j'entends dire! Mais les Bourbons sont les enfans de nos rois, Sire.

— Rassurez-vous; j'ai pu être trahi par la fortune, mais j'ai succombé avec gloire. Jamais mon nom ne sera flétri du grave reproche d'avoir oublié le respect qu'on doit au malheur et à de grands souvenirs. Le règne des Bourbons ne convenait pas à la France, je viens reprendre une place où la nation me rappelle; les Bourbons seront traités avec une profonde déférence par tous les Français qui ambitionneront mon estime. Ils n'ont rien à craindre de mes soldats ni de moi.

— Étienne, reprit le vieillard, que ton empereur est grand!...

— Lambert, ajouta Napoléon, mes momens sont précieux; reconduis ton père, et demeure avec lui, mon brave.

— Non, Sire, répliqua le vieillard; voilà bien long-temps que mon fils vit loin de moi : je ne veux pas qu'il abandonne ses drapeaux dans un moment semblable... L'honneur avant tout... Ces braves jeunes gens que vous voyez ici sont aussi mes enfans; ils m'aiment... Ils auront soin de moi... Adieu, Sire; que Dieu vous bénisse!

L'empereur se découvrit avec respect, et les garçons du village emportèrent le vétéran, après qu'il eut encore plusieurs fois serré son fils dans ses bras affaiblis. Le grenadier fit alors connaître à Napoléon la situation des affaires dans le pays; il lui apprit que deux régimens lui fermaient le chemin de Grenoble.

— Sire, ajouta-t-il, voici du renfort que je vous amène; je réponds de tous ces lurons qui veulent former votre avant-garde.

— Oui, oui, s'écrièrent-ils tumultueusement; vive la France! vive l'empereur!

— Je vous remercie, répondit Napoléon en remontant à cheval; retournez à vos occupations. Vos sentimens me font connaître que je ne me suis point trompé : ils sont pour moi un sûr garant des sentimens de mes soldats; ceux que je rencontrerai se rangeront de mon côté; plus ils seront, plus mon succès sera assuré. Restez donc tranquilles chez vous; cette journée a bien commencé, elle finira de même. Adieu, mes amis.

— Vive l'empereur!... vive l'empereur!...

CHAPITRE TROISIÈME,

CHAPITRE III.

Voyage en Dauphiné.

Il est de ces événemens prodigieux que l'imagination la plus passionnée ne saurait revêtir d'aucune forme préférable à leur énergique simplicité. La main du destin, ce puissant dieu de la poétique antiquité, les a d'avance empreints de sa grandeur inexplicable, et l'éloquence humaine ne saurait atteindre aussi haut. Napoléon apparaissant sur les Alpes, qui témoigneront de sa gloire républicaine dans la postérité la plus reculée, et venant, suivi de quelques soldats, redemander le grand empire qu'il a créé, réalise toutes les exagérations du génie au milieu de notre vie sociale, positive, triste et dépossédée d'illusions. C'est là la poésie de l'histoire.

Qu'il s'avance, donc ce chef entreprenant et hardi, avec ses héroïques compagnons : nous ne chercherons à retracer ce fragment d'une épopée merveilleuse que sous l'inspiration des souvenirs de la jeunesse et de la vérité (1).

On a déjà eu l'occasion de s'expliquer relativement à l'esprit public qui régnait en Dauphiné depuis la restauration. Cette belle province, où les lumières sont si généralement répandues, ne partagea point l'enthousiasme irréfléchi des contrées qui l'avoisinent. A la vivacité méridionale, les Dauphinois joignent la circonspection et la prudence des peuples qui vivent d'institutions libres, et non pas de cet enivrement aveugle qui suppose le pouvoir

---

(1) Cette relation différera sur plusieurs points des relations officielles qui ont été publiées. Mais en respectant les noms des acteurs de ce drame politique qui n'ont pas encore payé leur tribut à la mort, on s'astreindra à en retracer les faits avec une scrupuleuse fidélité. Il n'existe, au reste, aucun ouvrage historique où les détails de cet évènement soient reproduits en entier. On s'est jusqu'ici borné à les indiquer brièvement, et l'on a ainsi déchiré une des plus belles pages de la vie de Napoléon.

infaillible. Cette opinion sera probablement démentie par ces optimistes de budget, toujours prêts à faire parade d'un dévouement sans danger. A leur phraséologie sentimentale on opposera la vérité, en faisant observer toutefois que les faits qui vont déposer en sa faveur sont le résultat de circonstances déjà bien loin de nous, et qu'on ne prétend point en faire aucune application à des temps plus rapprochés. Le présent n'est pas de l'histoire pour nous.

Ce fut seulement le dimanche 6 mars 1815, et vers le milieu de la journée, que la nouvelle du débarquement de Napoléon fut portée à Grenoble à la connaissance du public. Elle produisit dans cette ville importante un mouvement dont il est difficile de décrire avec exactitude les diverses nuances. M. le comte d'Artois avait visité Grenoble vers la fin de l'année précédente. Les fêtes extraordinaires qui lui furent alors offertes n'avaient d'abord été, suivant un usage immémorial, que l'expression de ce zèle outré dont se parent les hommes en place, et aux frais duquel sert l'argent des contribuables. Mais les mots heureux de ce prince, sa bonté personnelle, les espérances que ranimaient ses généreuses promesses avaient excité un entraînement réel en faveur de la restauration. Le temps avait-il déja démenti ces prémices flatteurs du retour des Bourbons? On ne doit point ici discuter cette grave question; mais il est certain que les circonstances générales, dont on a parlé ailleurs, exercèrent surtout en Dauphiné une influence malheureuse pour la cause royale.

Quoi qu'il en soit, l'activité peu ordinaire des autorités principales, le départ et l'arrivée de courriers qui se croisaient à chaque instant, la profonde anxiété qui paraissait accabler plusieurs personnes influentes, tout ce remuement d'hommes et de choses qui précède les grands événemens, éveilla l'opinion. Des groupes nombreux se forment sur plusieurs points de la ville, et bientôt il n'est plus permis de douter de l'étonnante nouvelle qui circule depuis quelques instans. Il faut le dire; il y eut peu d'hésitation dans la population de Grenoble, et dès ce moment on put juger que l'audace de Napoléon ne trouverait pas un obstacle dans les vieux remparts de cette cité. Les soldats ne tardèrent pas à avoir connaissance de ce qui se passait, et l'enthousiasme qu'ils firent aussitôt éclater ne laissa aucun doute sur leurs dispositions. On les voyait réunis par pelotons tumultueux, et parcourant la ville en répétant des refrains guerriers, qui, composés durant l'exil de Napoléon, le désignaient aux souvenirs du soldat, sous des allusions plus ou moins heureuses, mais qui empruntaient des circonstances une force particulière.

Je les ai vus pleurans de joie, serrant les citoyens dans leurs bras, en leur rappelant avec tout l'orgueil militaire les combats glorieux où ils avaient assisté. Ils se dépouillaient quelquefois de leurs vêtemens, et montraient au peuple attendri les blessures qu'ils avaient reçues pour la patrie..... La garnison de Grenoble était pour ainsi dire l'avant-garde de l'armée française; elle allait donner un exemple dont la postérité appréciera la gravité, mais qui devait décider du sort de la restauration, jeune encore, jusqu'au moment où le deuil d'Azincourt et de Poitiers sera de nouveau porté par la France.

Cependant les autorités civiles et militaires, qui avaient probablemeut caché aussi long-temps que possible les avertissemens inattendus qu'elles avaient reçus, se disposèrent à résister à la fois à l'opinion publique et à Napoléon. Des ordres expédiés dans la nuit du samedi au dimanche devaient presser la marche sur Grenoble de toutes les forces militaires de la septième division. La garnison, déjà nombreuse, allait s'augmenter de plusieurs régimens, et former un corps d'armée imposant. Aux 5me et 11me de ligne, au 3me régiment des sapeurs du génie, qui faisaient le service de cette place, on adjoignait le 7me de ligne, qui occupait Chambéry, le 4me régiment de hussards, en garnison à Vienne, et le 4me régiment d'artillerie, stationné à Valence. Par un étrange concours de la fortune, qui a si rarement manqué à Napoléon, c'était aussi à Valence et dans ce même régiment qu'il avait commencé sa carrière militaire. On comptait encore dans ses rangs quelques anciens sous-officiers, qui avaient servi sous les ordres du jeune sous-lieutenant de l'école de Brienne, et qui étaient fiers de la gloire que son illustration avait fait rejaillir sur ce brave régiment.

Le lundi 7, dès le matin, tout se prépara pour une scène terrible. Les remparts furent garnis d'artillerie; et deux bataillons, l'un du 5me de ligne, l'autre du régiment des sapeurs, avaient été dirigés dans la nuit sur la Mure, où l'on comptait arrêter facilement celui qu'on appelait encore un transfuge. Les soldats qui s'étaient individuellement livrés à toutes l'effervescence de leur enthousiasme pour Napoléon cessèrent de s'abandonner, sous les armes, à des dispositions si peu conformes à la sévérité de la discipline; ils écoutèrent la voix de leurs officiers, et, étouffant dans leur cœur leurs sentimens personnels, graves et silencieux, on les vit se soumettre à leur devoir.

Le lieutenant général qui commandait la septième division militaire, dont le département de l'Isère forme la portion la plus importante, était un Dauphinois. Sa vie militaire offre plusieurs traits de bravoure et de gloire qui le rendaient digne de l'estime de ses concitoyens; mais sa molle conduite en 1814, lors de l'invasion, était loin d'avoir rendu son nom populaire. On disait d'ailleurs qu'il avait personnellement à se plaindre de l'empereur et l'on ne doutait pas que, fidèle au serment qu'il avait fait au roi, il ne défendît sa cause aussi long-temps qu'il en aurait les moyens. Ce général, homme de cœur et de talent, n'avait ni la fermeté ni la présence d'esprit nécessaires dans les circonstances graves et imprévues où il allait se trouver; et si quelqu'un en France avait été capable de comprimer l'élan du peuple et des soldats, et de combattre la renommée de Napoléon, ce n'était pas certainement celui que le hasard investissait de ce difficile devoir.

Le baron Fourier, l'un des membres de l'institut d'Egypte, savant distingué, était alors préfet de l'Isère. L'esprit, la douceur et toutes les qualités qui font aimer l'homme privé distinguaient ce fonctionnaire, et l'avaient rendu cher au pays; mais c'était un administrateur médiocre, et un homme que l'aménité de son caractère et de paisibles habitudes rendaient indécis et timide. Le peuple l'aimait et l'estimait, et au moment où ces lignes sont tracées, il emporte dans la tombe les regrets de tous ceux qui l'on connu, et surtout des habitans de l'Isère qui ont long-temps honoré dans sa personne les sciences et les lettres, dont il a agrandi les domaines.

La ville de Grenoble voyait à la tête de son administration municipale un personnage éminemment populaire et dont il a déjà été question dans cet ouvrage. M. Renauldon seul était capable de gouverner l'esprit public d'une cité qu'il administrait en père. Mais, avant tout, ce citoyen à jamais regretté mettait au rang de ses plus belles prérogatives le devoir d'épargner à ses compatriotes les malheurs inséparables des troubles publics. La guerre civile l'épouvantait, et dans cette circonstance il usa de toute son influence pour maintenir la tranquillité intérieure dont la surveillance lui était spécialement confiée. Il s'en reposa au reste sur l'autorité militaire pour les mesures générales qu'il convenait de prendre.

Tels étaient les trois personnages qui, au milieu d'une population mécontente et de soldats que le nom seul de leur ancien général avait transportés d'enthousiasme, étaient chargés de défendre l'autorité royale menacée par Napoléon. Dans des temps tranquilles, tous trois auraient honorablement accompli leur mandat; mais aucun d'eux n'était préparé à une crise semblable, et n'avait la résolution qui, dans des momens décisifs, supplée à la force physique et paralyse toute opposition.

Il est environ midi. Le tambour bat, et un régiment, après avoir traversé la ville au pas de charge, se range en bataille sur cette grande place de Grenoble, qui a la double destination des parades militaires et des exécutions. C'est le 7me régiment de ligne, qui arrive de Chambéry. A la tête de ce beau corps, où l'on compte tant de vieux soldats et de braves officiers, s'avance sur un cheval fougueux, et le sabre à la main, un jeune homme remarquable par de nobles traits et l'expression d'enthousiasme et de courage qui les anime. Les formes élégantes de son corps souple et élancé semblent être faites pour le vêtement militaire qu'il porte avec tant d'aisance. L'éclat de ses yeux bleus, qui brillent sous son front hardi, ne dément point en lui ce premier indice d'une valeur dont il a déjà donné des preuves, dans un âge où la gloire n'est encore pour l'homme qu'une vague espérance. Oh! pourquoi ne puis-je jeter un voile sur son nom, comme sur la faute où le fit tomber une généreuse illusion de jeune homme! Il a payé cher le sentiment de la reconnaissance, qu'il croyait être aussi l'expression vive de son amour pour la patrie et pour la liberté. Il a payé cher son admiration pour le génie d'un homme et cet entraînement chevaleresque qui le porta à ne se souvenir que de son premier serment militaire.....

Le colonel Labédoyère et le 7ᵉ de ligne avaient été suivis sur la place d'armes par le maréchal-de-camp qui commandait la première subdivision du gouvernement militaire de la province. C'était un vétéran ferme et respectable (1), et qui venait pour disposer de ce renfort important, conformément aux intentions du lieutenant-général. Une foule immense remplissait les avenues de cette place,

(1) L'honorable général De Villiers.

où allait s'accomplir une scène inouïe dans les fastes militaires.

Le régiment est rangé en bataille. Mais des murmures vagues et des bruits menaçans s'élèvent de ses lignes, où la discipline paraît être sacrifiée à quelque sentiment passionné qui agit avec force sur l'âme du soldat. Le jeune colonel, après avoir reçu les ordres du général, parcourt rapidement le front de cette colonne remarquable par la tenue magnifique des soldats qui la composent. Une grande pensée paraît occuper son esprit : un signe de Labédoyère, qui malgré sa jeunesse s'était fait adorer des vieux guerriers placés sous son commandement, suffit pour rétablir dans leurs rangs l'ordre et le silence.

— Soldats! s'écrie-t-il d'une voix forte et imposante, je reçois à l'instant l'ordre de marcher à votre tête contre l'empereur Napoléon... Soldats! je ne suis plus votre colonel; dès ce moment je cesse de vous commander.

Des cris tumultueux s'élèvent de toutes parts, et au milieu du trouble général qu'occasiona dans les rangs du 7ᵉ cette allocution inattendue, on distingue cependant ces mots : — Non, non ; — Vive notre colonel ! nous le suivrons partout.

—Écoutez! écoutez! reprit Labédoyère avec plus de chaleur; je ne puis plus être votre colonel. Compagnons, je vous remercie de l'attachement que vous m'avez montré depuis que j'ai l'honneur de vous commander. L'empereur Napoléon a reçu mes premiers sermens; il revient, il réclame ses droits : j'obéis à sa voix et à celle de mon cœur. Soldats, vous pouvez demeurer fidèle à ce drapeau, qui n'est pas celui sous lequel nous avons tous combattus; pour moi je retourne auprès du chef que la patrie rappelle, je retourne sous le drapeau national. Adieu!

A peine l'imprudent jeune homme a-t-il proféré ces paroles hardies, que les cris de Vive l'empereur! prononcés mille fois avec une exhaltation dont il est impossible de peindre la violence, annoncèrent l'adhésion unanime du 7ᵉ régiment aux sentimens de son colonel. Des grenadiers quittent spontanément leurs rangs, et entourent Labédoyère, qui ne peut plus faire opérer aucun mouvement à son cheval pressé de toutes parts.

— Colonel, lui dit un vétéran de la première compagnie, reconduisez-nous vers notre père, vers notre empereur.

— Oui, s'écrient confusément les soldats; vive l'empereur! vive la France! vive notre colonel!

— Eh bien! reprit Labédoyère avec émotion, vous le voulez, mes braves? qui m'aime me suive!

— Tous! tous! vive l'empereur!

—Mon colonel, reprit le vétéran, vous allez voir si nous étions fidèles à notre empereur. Si vous nous aviez menés contre lui, nous vous aurions tous abandonnés... Approche, tambour.

Le soldat à qui cette invitation était faite

s'avança aussitôt, et, brisant un des côtés de sa caisse, il en tira l'ancienne aigle du 7ᵉ, qu'il avait ainsi conservée. Il la remit entre les mains du colonel, qui y porta ses lèvres avec un enthousiasme délirant... En quelques minutes, le drapeau blanc fut arraché et foulé aux pieds par les soldats et par les citoyens qui s'en disputèrent les lambeaux, et l'aigle remplaça la fleur de lis qui le surmontait (1). Chaque soldat entrouvrant son habit, sembla tirer de son sein une cocarde tricolore, et tout le régiment arbora spontanément les couleurs qui avaient été si long-temps le symbole de la gloire et de la liberté nationales.

Ce mouvement extraordinaire s'opéra en beaucoup moins de temps que n'en n'a exigé la lecture de sa relation imparfaite. Le régiment, tambours et musique en tête, se mit de nouveau en route au pas accéléré, et sortit de la ville accompagné de plus de quatre mille habitans, qui, partageant les sentimens des

---

(1) On est bien loin d'approuver cet acte de frénésie; mais il est assez étrange que ce drapeau se soit retrouvé, quatre mois après, intact comme la sainte ampoule.

soldats, s'étaient mêlés à leurs rangs, et portaient leurs havre-sacs et leurs fusils, comme pour s'associer entièrement à eux, et accélérer leur marche en allégeant le poids dont ils étaient chargés.

Le respectable maréchal-de-camp n'avait pu trouver un moment pour faire entendre sa voix. Il avait vu avec une profonde douleur cette sédition armée qui était un outrage si grave à la discipline militaire et aux lois. Il essaya vainement alors de ramener à l'ordre et au sentiment du devoir tous ces hommes égarés par un fanatisme qui atténue leur faute, mais qui ne l'excuse pas. Sa voix fut méconnue, comme son grade, comme ses cheveux blancs. Le cri de Vive l'empereur! répondait seul à ses généreux reproches; sa vie fut même sur le point de courir un grand danger; quelques soldats le couchèrent en joue, et ses aides-de-camp l'entraînèrent loin du théâtre de cette scène passionnée.

Tandis que cet événement augmentait dans les murs de Grenoble les transports de dévouement et de joie populaires que l'approche de Napoléon y faisait éclater, lui-même se trouvait dans une de ces situations critiques et décisives, où la fermeté de son âme et sa présence d'esprit devaient triompher de tous les obstacles, et rappeler à lui la fortune quelque temps infidèle.

Quarante grenadiers commandés par un officier-général, avaient rencontré à peu de distance de la Mure l'avant-garde des troupes envoyées de Grenoble pour arrêter les progrès de l'empereur. Les officiers s'opposèrent à ce qu'il y eût aucun rapprochement entre les deux corps. Ce fut en vain que le général de Napoléon voulut parlementer; sa voix ne fut point écoutée, et les soldats auxquels il voulait adresser la parole, obéirent en frémissant à l'ordre qui leur fut aussitôt donné de battre en retraite. Mais il n'y eut, ni d'une part ni de l'autre, aucun mouvement qui pût annoncer une collision prochaine. Quelques cris de Vive l'empereur! et des murmures mal étouffés, indiquaient suffisamment aux chefs du petit corps d'armée qu'on avait eu l'imprudence d'opposer à Napoléon, qu'il n'y avait pour eux aucune espérance de conserver la fidélité des troupes. Cependant ils prirent une forte position entre la Mure et les lacs de Laffrey; ils occupèrent un mamelon assez élevé qui commande la route tracée entre deux ravins profonds et où cinq cents hommes dévoués auraient pu sans beaucoup d'efforts s'opposer à la marche d'un corps formidable.

Napoléon avait cru devoir négliger ces avantages militaires dont l'importance sans doute en toute autre occasion n'aurait point échappé à son coup d'œil vaste et pénétrant. Le rapport qui lui fut fait de la semi-résistance qu'avaient éprouvée ses grenadiers ne parut lui causer aucune appréhension. Il rassura ses braves grenadiers qui accoururent aussitôt autour de lui, en jurant de vaincre ou de mourir.

— Avec vous, mes braves, leur dit-il en leur tendant la main, je ne craindrais pas dix mille hommes; mais ce n'est pas aujourd'hui que je mettrai votre courage à cette épreuve. Puis se tournant du côté du grand maréchal, il ajouta à voix basse : On m'a trompé; n'importe: en avant!

Les habitans de la Mure et des communes voisines remplissaient l'air de leurs cris. Grouppés sur les collines qui couronnent cette position, ils semblaient là pour assister à une fête, et sur les gradins de cet immense amphithéâtre, ils rappelaient les peuples de l'antiquité applaudissans aux jeux du cirque. Personne ne paraissait redouter l'issue de la rencontre mémorable qui allait avoir lieu entre Napoléon et les soldats, rangés encore sous le drapeau blanc. Peut-être leur confiance ajoutait-elle à celle de l'empereur, qui après avoir reconnu les troupes qui lui étaient opposées, mit pied à terre et s'avança brusquement sur leur ligne de bataille, accompagné de ses grenadiers qui portaient l'arme sous le bras gauche.

Le plus profond silence régnait dans cette vallée triste et sauvage, où les destinées de la France allaient se décider dans quelques instans. L'attente ne fut pas longue. A l'aspect de Napoléon et de ses grenadiers, un commandement militaire prononcé d'une voix faible et émue, se fit entendre... Aucun mouvement ne le suivit, l'arme des soldats resta comme attachée à leurs bras. Alors Napoléon, arrivé à portée de la voix, découvrit sa poitrine et prononça les paroles suivantes :

— Eh quoi ! soldats ! ne me reconnaissez-vous pas ? je suis votre empereur. S'il est parmi vous un soldat qui veuille tuer son général, son empereur, il le peut : me voilà !...

— Vive l'empereur !...

Telle fut la réponse des soldats, répétée par la foule. Aussitôt les rangs se confondirent; les soldats plaçaient leurs shakos à la pointe de leurs baïonnettes, et les montagnards, imitant ce signal d'enthousiasme et de dévouement pour Napoléon, agitaient en l'air leurs larges chapeaux. Ce fut en vain qu'un jeune et intrépide officier, fidèle à la cause royale, au milieu de cette défection qui ne laissait aucune espérance à son zèle, voulut encore essayer une résistance impossible. Deux fois il commanda le feu; mais sur le point de devenir la victime d'un courage désormais inutile, il fut contraint de se dérober par la fuite au sort qui le menaçait.

La satisfaction qu'éprouva Napoléon fut vive, quoiqu'au fond de son cœur il n'eût jamais douté de son succès. Il parla à tous les officiers, aux soldats, qui lui adressaient la parole et qui lui montraient l'aigle et la cocarde tricolore qu'ils avaient précieusement conservés. Cette première épreuve était difficile sous tous les rapports: Napoléon aurait préféré l'éternelle prison de l'île d'Elbe à la honte de ressembler à un chef de parti, à un embaucheur de troupes. Il se plaça tout à coup dans une position qui l'éloignait à la fois de ces deux hypothèses. Sa dignité fut parfaite, et il sut assez comprimer la joie qu'il devait éprouver pour se montrer également supérieur à la bonne comme à la mauvaise fortune. Les régimens qui venaient de se joindre à lui offrirent spontanément, et par acclamation, de former son avant-garde et de se porter rapidement sur Grenoble, dont ils promettaient de faire abaisser les ponts devant lui. De hautes raisons de convenances lui firent refuser leur concours sous ce rapport, et prenant congé des habitans de la Mateysine, qui lui proposaient aussi de se lever en masse, il se jeta presque seul dans le chemin étroit et escarpé qui sillonne cette contrée, et qui ressemble plus au lit rocailleux d'un torrent qu'à une grande route.

Ce fut à quelque distance de ce lieu, à jamais célèbre par cet événement, que Napoléon fut abordé par quelques notables citoyens de la ville de Grenoble, impatiens de le saluer et de juger ainsi de la réalité du changement dans lequel ils voyaient le bonheur de la France. L'un d'eux lui offrit avec la loyauté et l'abandon d'un jeune homme cent mille francs et son épée; Napoléon en souriant accepta l'un et l'autre (1).

La chaleur était excessive, l'empereur éprouva le besoin de se rafraîchir en traversant le village de Laffrey. Il entra, suivi de deux ou trois officiers, dans une petite maison couverte en chaume, bâtie sur le bord du chemin, et qu'une branche de sapin, suspendue au dessus de la porte, désignait comme étant un lieu de repos pour les voyageurs. Cette modeste hôtellerie de la montagne était tenue par une

(1) Voyez, pour ces détails, le Prologue, t. I, p. 23.

femme déjà âgée, qui, ne faisant aucune façon pour le voyageur illustre qu'elle recevait, plaça sur une table un pot d'étain, plein de vin, et quelques verres. L'empereur s'assit sur une chaise en bois de noyer, et regarda gaîment autour de lui. Le premier objet qui frappa ses yeux fut une de ces images grossières, singulièrement enluminées, et où il était représenté à cheval, revêtu d'un long manteau, et ayant la couronne sur la tête et le sceptre à la main. Elle était attachée avec de la colle sur la porte d'une armoire.

— Vous aimez donc bien Napoléon, bonne femme? lui demanda-t-il en lui montrant du doigt cette image.

— Oui, répondit la vieille hôtesse; pourquoi ne le dirais-je pas? C'est depuis qu'il n'y est plus que nous savons tout ce qu'il valait. Mais on dit qu'il revient; les soldats qui sont passés lui feront-ils du mal?

— Les soldats l'aiment autant que vous : ils sont ses enfans; ils ne leveront pas la main contre leur père.

— C'est donc bien vrai, qu'il revient !... Ils le disaient tous ce matin, mais je ne voulais pas y croire. Voilà soixante-dix ans que je suis dans ce monde; ce serait le plus beau jour de ma vie.

— Nous pouvons vous l'assurer, vous ne tarderez pas à le voir lui-même.

— Alors dépêchez-vous, messieurs les officiers; il faut que j'aille au devant de lui.....

— Soyez tranquille : nous sommes bien avec l'empereur; nous vous présenterons à lui si vous désirez lui parler.

— Lui parler !... Oh! je le voudrais bien. Tenez, tout empereur qu'il est, avec sa belle couronne et son cheval blanc, une pauvre femme comme moi pourrait lui donner un bon avis.

— Quel est-il? parlez sans crainte. L'empereur, je puis vous l'assurer, vous saura gré de votre franchise, et je suis certain qu'il vous entendra avec plaisir.

— Écoutez, vous avez l'air d'un brave homme. Après tout, l'empereur ne serait pas bien aise qu'on tînt des propos sur son compte; je vais vous dire tout bas ce que je pense de lui... Si, par la grâce du bon Dieu, il remonte sur son trône, il faut, puisqu'il aime le peuple, qu'il ôte les droits réunis. C'est une horreur..., une abomination... Dire qu'un pot de vin coûte six sous, Monsieur! n'est-ce pas affreux? Allons, mon bon empereur, ajouta-t-elle en s'inclinant devant l'image, chasse les commis des droits, et je prierai Dieu pour toi.

La naïveté et le bon sens de cette vieille femme amusaient Napoléon. Il lui promit en riant que l'empereur connaîtrait ses vœux, et qu'arrivé à Paris il ferait droit à sa demande, qui lui paraissait juste; puis il lui mit dans la main quelques pièces d'or.

— Oh! que me donnez-vous là? s'écria l'hôtesse; que voulez-vous que je fasse de tant d'argent?... D'ailleurs, si vous êtes un officier de l'empereur, je ne veux pas vous faire payer.

— Gardez, ma bonne femme, reprit Napoléon avec bonté, je ne reprends jamais ce que j'ai donné. Vous vouliez voir l'empereur : eh bien! regardez-moi, bonne mère; c'est moi-même. Je sais, ajouta-t-il, que la manière dont les droits réunis sont perçus gêne le peuple; je mettrai bon ordre à cela.

— L'empereur!... Que Dieu vous bénisse, et qu'il vous donne la paix. O mon bon empereur! que je suis heureuse de vous voir!

Elle voulut se jeter à ses pieds, mais Napoléon la releva et la salua avec une sorte de respect. Il avait toujours tendrement aimé sa mère, et peut-être cette pauvre paysanne, qui était à peu près de son âge, la rappela-t-elle à son souvenir. On conserve encore précieusement dans cette petite auberge des Alpes le verre dans lequel Napoléon a bu et la chaise sur laquelle il s'est assis; ces objets n'ont jamais servi à personne : mais la vieille hôtesse est morte depuis plusieurs années (1).

(1) L'auteur de cet ouvrage a été témoin de cette scène, dont il garantit l'authenticité sur son honneur. Tout cela est peu important, sans doute, mais les

Cette journée du 7 mars ne devait pas finir sans qu'un grand et important succès ne vînt ajouter aux nobles émotions qui avaient agité le cœur de Napoléon depuis son entrée dans le département de l'Isère. Cependant sa garde, fatiguée par une marche longue et pénible, avait le plus grand besoin de quelques heures de repos, et Napoléon songea sérieusement à passer la nuit à Vizille, dont il apercevait les maisons et le château féodal qui le domine. Mais l'enthousiasme des populations qui accouraient au devant de lui, et peut-être aussi un avis important qu'il reçut dans cet endroit, de quelque humble part qu'il lui soit venu, le détermina à entrer le soir même à Grenoble, et à prendre dans cette ville les clefs de la France (1).

Aucune appréhension, aucune anxiété ne paraissait troubler son esprit. Son visage, dont

---

moindres actions de Napoléon appartiennent à l'histoire. Il y avait dans toutes de l'avenir et quelque chose de national qui explique son étonnante popularité.

(1) Voyez le Prologue, p. 10 et suiv.

les traits étaient si remarquables et si beaux, rayonnait de bonheur. Il écoutait avec bonté tous ceux qui s'approchaient de lui ; il répondait convenablement, mais toujours avec bonne humeur, suivant le rang et l'éducation des personnes qui lui parlaient, et rien dans son retour n'offrait même l'apparence d'une réaction politique. Le gouvernement royal ne paraissait nulle part où il était, tout se rapportait à lui, et le peuple semblait entièrement oublier, à son aspect, qu'un autre souverain occupait encore le trône de France.

Le son des cloches et les acclamations d'une foule immense annoncèrent bientôt à Napoléon qu'il allait traverser Vizille. A peine fut-il arrivé sur le pont qui établit des communications entre les deux rives de la Romanche, qu'il fut entouré au point de ne pouvoir plus faire un seul pas. Aux cris de Vive l'empereur ! Vive la liberté ! le peuple de ces campagnes se jeta sur ses pas avec un délire d'enthousiasme qui aurait pu devenir funeste à celui qui en était l'objet. On baisait les pans de son habit ; l'air était obscurci d'une pluie de violettes, de branches de buis et de sapins, seule fleur et seule verdure de cette saison. Le maire et le curé de Vizille, première personne du clergé qui vint officiellement au devant de lui, l'attendaient à l'entrée du bourg. Il reçut leur hommage avec sa dignité habituelle, et il leur répéta avec bienveillance ce qu'il avait déjà dit en pareille circonstance : — Je ne veux que le bonheur et la gloire du peuple français; c'est pour lui assurer la libre jouissance des bienfaits de la révolution que je suis revenu de l'île d'Elbe. Comptez sur moi, comme je compte sur vous.

En présence des autorités du pays, un habitant de Vizille, en manches de chemise, le visage hâlé par le soleil, et qui tenait encore à la main un instrument de labourage, fit écarter la foule qui entourait l'empereur, s'avança et lui dit fièrement :

— Sire, soyez le bienvenu dans Vizille. C'est ici qu'est née la révolution; c'est dans ce château que nos représentans ont réclamé nos droits et nos priviléges: c'est à vous maintenant à les faire respecter. Aujourdhui la liberté ressuscite encore dans Vizille. Nous sommes les mêmes hommes qui avons voulu la liberté pour toute la France; nous la défendrons jusqu'au dernier soupir : nous vous aiderons à rendre à la France son indépendancce et son honneur.

Cette noble et chaleureuse allocution fut aussitôt couverte par les cris unanimes de Vive l'empereur! Vive la liberté! et il ne fut pas possible de recueillir la réponse que Napoléon adressa à cet excellent citoyen, qui se perdit dans les flots de la foule.

La plupart des jeunes gens de Vizille, ayant orné leurs chapeaux de rubans tricolores, se mirent en marche au son de quelques instrumens, et précédèrent l'empereur en chantant la Marseillaise. Ces voix mâles et ces chants héroïques, auxquels sont attachés de si beaux souvenirs, retentissaient au loin dans les vallées. Il est impossible de reproduire les grandes émotions qu'ils faisaient naître dans tous les cœurs; c'était un moment de délire et d'illusion, et, suivant la belle expression du laboureur de Vizille, c'était en effet l'image de la liberté qui ressuscitait dans ces montagnes. Les braves grenadiers de la garde oubliaient leurs fatigues au milieu de ces fêtes populaires, que la présence de l'empereur faisait improviser. Toutes les maisons leur étaient ouvertes; heureux le citoyen qui pouvait les avoir pour hôtes un seul moment. Ils étaient l'objet d'un empressement non moins vif, non moins respectueux que Napoléon. Plusieurs fois durant ce court voyage, j'ai vu couler des larmes de reconnaissance et d'attendrissement sur ces visages guerriers qui respiraient l'héroïsme de la fidélité et de l'amour de la patrie.....

L'empereur et son escorte déjà nombreuse venaient d'entrer dans Brié, petit village entre Vizille et Grenoble, lorsque de bruyantes acclamations, mêlées au son du tambour et de la musique militaire, annoncèrent l'approche de nouvelles troupes. On fit halte un instant; un adjudant-major parut aussitôt et annonça que le 7ᵉ de ligne, son colonel en tête, accourait au devant de Napoléon. Cette nouvelle, qui fut accueillie avec des cris de joie, par la garde et la foule des citoyens qui s'étaient mêlés à ses rangs, ne tarda pas à se confirmer.

Le jeune Labédoyère, impatient de saluer son héros, mit pied à terre, et se précipita à l'étrier de l'empereur, qui lui tendit cordialement la main. Les soldats du 7°, qui remplissaient l'air des cris de Vive l'empereur! Vive la vieille garde! rompirent spontanément leurs rangs, et s'approchèrent en foule de Napoléon, qui parut un moment, au milieu de ces guerriers qui s'inclinaient devant lui, semblable à Alexandre recevant, sur le champ de bataille d'Arbelles, les hommages idolâtres de la phalange macédonienne. Il adressa quelques paroles de remerciement à ces nouveaux auxiliaires, et tandis que les soldats du 7° et ceux de la garde fraternisaient autour des tonneaux que les habitans avaient roulés sur la route, il entra, comme à Laffrey, dans une petite auberge, qui devint momentanément une salle d'audience du palais impérial.

La plus grande agitation régnait dans Grenoble; le général en avait fait fermer les portes, et la garnison, postée sur les remparts, attendait avec impatience le résultat des préparatifs de défense auxquels on la faisait concourir. La nuit était arrivée; mais le bon sens public avait deviné les résolutions de l'empereur, et personne ne doutait qu'il ne se présentât le soir même. Tout à coup des cris tumultueux, semblables aux mugissemens d'un violent orage, retentirent dans la vaste plaine où la ville est assise.... L'empereur! l'empereur! disait-on de toutes parts, le voilà! Et la foule se porta sur les remparts. Le jeune officier qui avait fait preuve de fidélité sur le plateau de la Mure était encore auprès des batteries qu'on avait élevées de ce côté, où l'on présumait que l'attaque aurait lieu. Les canonniers, la mèche à la main, demeurèrent silencieux à côté de leurs pièces; et ce fut en vain que plusieurs fois il ordonna de nouveau de faire feu. Que serait-il arrivé, si un seul coup de canon eût été tiré, même au hasard, sur la foule de soldats et de citoyens qui entouraient Napoléon? On dit que le jeune officier, indigné de la désobéissance que ses ordres rencontraient, arracha à un canonnier la mèche qu'il tenait allumée, et se précipita sur un canon.... Ce fut une femme, oui, une femme de Grenoble dont le courage et la présence d'esprit évitèrent un affreux malheur. Elle se jeta sur l'aide-de-camp, en s'écriant : — Malheureux! oubliez-vous que nos enfans et nos époux sont avec l'empereur..... D'ailleurs nous le voulons tous : point de sang ; vive l'empereur !...

Ce cri, proféré continuellement et avec une sorte de délire par le tumultueux et immense cortége de Napoléon, fut aussitôt répété par les soldats postés sur le rempart et tout le peuple qui s'était jeté devant eux sur les parapets. On peut l'affirmer comme un fait historique : si dans les régimens qui se trouvaient à Grenoble, il y avait eu quelques individus qui eussent manifesté des intentions contraires au vœu général, leurs compagnons d'armes n'auraient peut-être pu les ravir à la colère de la multitude exaltée. L'aide-de-camp qui signala si vivement son opposition à Napoléon, et qui se montra si noblement attaché à ses sermens, était un jeune homme de Grenoble, d'une famille honorable, connue et respectée de tout le monde ; néanmoins il courut de grands risques, et il fut enlevé avec peine par quelques citoyens honnêtes d'entre les mains de toutes ces femmes exaspérées, qui l'accablaient d'injures et maudissaient son nom.

Napoléon était sur la chaussée qui conduit à por te de la ville; il se trouvait littéralement au milieu de la foule, croisant ses bras sur sa poitrine et attendant avec un calme imperturbable que les chemins lui fussent ouverts. On lui proposa d'enfoncer le guichet d'un coup de canon; il rejeta cette offre avec indignation, et ne parut nullement inquiet du retard qu'il éprouvait. On apprit bientôt que le général avait quitté la ville en emportant les clefs,... protestation assez étrange de la part d'un militaire aussi distingué, mais dont le cœur était plus ferme que la tête. Alors les citoyens, armés d'une lourde solive, battirent la porte en dedans, quelques grenadiers et d'autres personnes de la ville exécutèrent à l'extérieur la même manœuvre. Le guichet céda bientôt à leurs efforts, et Napoléon entra dans Grenoble aux acclamations du peuple et de l'armée.

Tout à coup la ville fut illuminée, toute la

population environnait l'empereur, et jamais la marche triomphale d'aucun prince n'eut un caractère aussi grand, aussi national. Il ne voulut point loger à l'hôtel de la préfecture, abandonné par le magistrat qui l'occupait le matin encore. Il se souvint d'un vieux soldat de l'armée d'Egypte, habitant de Grenoble et propriétaire d'un hôtel garni; ce fut à lui qu'il alla demander l'hospitalité. Les citoyens s'emparèrent des grenadiers, et pendant que, comme leur chef, ils goûtèrent un repos acheté par tant de fatigues, la ville entière s'abandonna à la joie la plus vive; des danses s'organisèrent sur toutes les places, et des chants patriotiques célébrèrent jusqu'au lever de l'aurore cet événement extraordinaire, qui rappelait aux hommes d'un âge mur les premières fêtes de la liberté.

A peine Napoléon eut-il pris possession des appartemens qu'on lui prépara à la hâte, qu'une députation de citoyens de toutes les classes, précédée de la musique de la garde nationale, se présenta devant lui. L'un d'eux portait sur un plat d'argent quelques parcelles de la porte de la ville qu'on venait de briser.

— Sire, dit-il à l'empereur, nous venons vous souhaiter une bonne nuit. Le général a emporté les clefs de votre ville de Grenoble ; ses habitans vous en offrent les portes. Nous veillerons autour de vous; de bons citoyens comme nous valent mieux que des remparts.

—Citoyens, répondit l'empereur, je reçois le présent que vous m'offrez, il est digne de vous; je ne doutais pas de votre patriotisme. Annoncez à vos compatriotes que je ramène avec moi la paix et la liberté. Demain, je vous verrai tous; citoyens, je suis fier pour la France de vos nobles sentimens.

— Vive l'empereur! vive la liberté!

La possession de Grenoble était pour Napoléon d'une haute importance; elle décidait du sort de la restauration en le mettant à la tête d'une force imposante, en lui ouvrant des arsenaux, des magasins militaires qui lui auraient fourni les moyens de *tenir la campagne* dans le cas où une résistance imprévue eût tout à coup entravé ses desseins. Il s'appuyait d'ailleurs sur une grande population, qui maintenant ne pouvait plus séparer ses intérêts des succès de l'empereur. Il ne dissimula point la satisfaction qu'il en éprouvait, et il annonça dès lors, avec cette puissance qu'il savait donner à ses paroles, que tout était terminé et que le rétablissement du grand empire était commencé.

Le lendemain, 8 mars, dès la pointe du jour, une foule considérable, formée de la population grenobloise et de l'élite des campagnes voisines, remplissait les avenues de l'hôtel où l'empereur avait passé la nuit. Mais par une attention délicate, qui tenait à l'idolâtrie de ces jours d'illusion, le plus profond silence régnait dans cette nombreuse réunion d'hommes, qui craignaient de troubler le sommeil de leur héros. Les grenadiers qui commençaient à circuler dans la ville étaient arrêtés, entourés, à chaque pas, d'une foule enthousiaste, qui se faisait raconter le merveilleux voyage de l'île d'Elbe à Grenoble. L'émotion de ces vieux guerriers, les marques de respect dont ils étaient environnés, formaient un tableau dont l'imagination ne saurait retrouver les couleurs, ni retracer le caractère imposant.

L'empereur reçut successivement les autorités qui s'empressèrent de lui rendre hommage. Le clergé lui-même vint en grande pompe s'unir à cette manifestation unanime du vœu des Dauphinois et de leurs magistrats. Il déploya, dans ces différentes audiences, avec une prodigieuse facilité, toutes les ressources de son immense génie. Rien ne lui paraissait étranger de tout ce qui concerne l'administration ; il parlait sur toutes ses spécialités comme si chacune d'elles eût été de sa part l'objet d'une étude particulière et approfondie. Ses discours, ses vœux pour le bonheur du peuple, exprimés en si belles paroles, se répétaient aussitôt dans la foule, et portaient au comble l'enthousiasme d'un peuple naturellement circonspect et défiant. Les personnes qui avaient été admises à l'honneur de le voir et de lui parler, le quittaient le cœur plein d'admiration pour sa personne et d'espoir dans l'avenir de la France. Elles étaient aussitôt entourées par des flots de peuple qui avaient soif des réponses de l'empereur, et dans ces momens d'ivresse générale, peu de magistrats et de hauts fonctionnaires refusaient de se faire les interprètes de Napoléon.

Quand il sortit pour passer la garnison en revue, les transports de la population furent si violens, si universels, qu'il devint impossible d'entendre le discours qu'il adressa aux citoyens; mais on le voyait souvent plaçant la main sur son cœur et paraissant partager la vive émotion que sa présence faisait naître. Quand il parut sur la place, où plus de six mille hommes étaient rangés en bataille, les démonstrations populaires de dévouement et d'amour qu'il venait de recevoir furent reproduites par les soldats, qui, élevant leurs shakos sur leurs baïonnettes, semblaient sur le point d'oublier encore une fois la sévérité de la loi militaire pour l'environner en tumulte. Cependant le calme se rétablit, et l'on a pu conserver les paroles suivantes qu'il adressa au 4ᵉ régiment d'artillerie.

— C'est parmi vous que j'ai fait mes premières armes. Soldats! ce souvenir, qui me fut toujours cher, remplit aujourd'hui mon cœur.

Je vous aime tous comme d'anciens camarades! Je vous ai suivis sur le champ de bataille et j'ai toujours été content de vous. Mais j'espère que nous n'aurons pas besoin de vos canons; il faut à la France de la modération et du repos. L'armée jouira dans le sein de la paix, du bien que je lui ai déjà fait et que je lui ferai encore. Les soldats ont retrouvé en moi leur père; ils peuvent compter sur les récompenses qu'ils ont méritées.

Le 9 mars fut encore pour Grenoble une journée mémorable. Elle fut témoin d'une scène imposante, que les événemens de 1815 rendent dignes de l'attention de l'histoire.

La garnison s'était mise en marche sur Lyon, Napoléon devait partir dans la journée, et il annonça qu'il désirait faire ses adieux à la garde nationale de Grenoble. Tandis que tout se préparait pour l'exécution d'une mesure qui comblait de joie tous les citoyens de cette ville, un mouvement énergique se prononçait dans l'intérieur des familles. Tous ceux qui avaient porté les armes avant la restauration des Bourbons, les officiers en demi-solde, les militaires que leurs longs services et leurs blessures appelaient à jouir des douceurs du repos, voulurent former l'avant-garde de Napoléon, et il leur donna lui-même le titre de *bataillon sacré*. La jeunesse de la ville fut admise dans ces rangs honorables, et comme les femmes spartiates, on a vu des mères de famille faire à leurs fils une loi de prendre les armes et de suivre l'empereur.

A l'heure fixée par l'empereur, la garde nationale était rassemblée. Elle était remarquable par une tenue militaire qui faisait oublier les élémens dont elle était composée. Mais au moment où les acclamations de la multitude annonçaient l'arrivée de Napoléon, on s'aperçut avec étonnement qu'il n'y avait point de drapeau dans ses rangs; aussitôt et sur la place même une foule de femmes se disputèrent l'honneur de travailler au symbole de la volonté et de la puissance nationales en réunissant les triples couleurs en une seule draperie. Ce travail entrepris avec autant d'enthousiasme que de gaieté, fut achevé en un instant, et M. Dumoulin, que l'empereur venait d'attacher à sa personne en qualité d'officier d'ordonnance, remit le drapeau entre les mains du garde national qui devait le porter, aux cris mille fois répétés de *vive la liberté!*

Napoléon quitta son hôtel à pied et fut bientôt séparé de ses officiers par la foule du peuple au milieu de laquelle il s'avançait lentement; un grenadier de sa garde s'attachait seul à ses pas et faisait tous ses efforts pour écarter les personnes qui affluaient sur son passage.

— Grenadier, lui dit Napoléon, ne te donne pas tant de peine, je suis à ma place au milieu du peuple.

— Mais, Sire, ils vont vous étouffer, si nous les laissons faire.

— Eh bien, mon brave, reprit-il en riant, on ne meurt qu'une fois, et cette mort-là en vaut bien une autre.

Le cri de *vive l'empereur!* fut la réponse du peuple, qui dès ce moment, et comme par enchantement, se rangea respectueusement sur son passage.

Avant d'arriver sur la place, Napoléon fut encore arrêté par une jeune personne de la classe moyenne, qui, tenant à la main une branche de laurier, lui débita quelques vers qu'il écouta avec bienveillance. L'empereur, se trompant probablement sur le motif d'une telle démarche, demanda à la jeune fille ce qu'il pouvait faire pour elle.

— Si Votre Majesté veut me rendre bien heureuse, répondit-elle aussitôt, qu'elle me permette de l'embrasser.

— Je vous remercie, dit Napoléon avec bonté, j'embrasse en vous toutes les dames de cette bonne ville.

Ces paroles contenaient une prévision diplomatique : Napoléon craignait sans doute que l'enthousiasme des dames de Grenoble ne se manifestât trop souvent de la même manière.

L'empereur fut accueilli avec plus de grâvité par la garde nationale, élite de la population de Grenoble et qui représentait fidèlement l'esprit dans lequel les Dauphinois avaient fait à Napoléon une réception qui dépassait ses espérances. La veille, les citoyens s'étaient réunis en assemblée municipale et avaient rédigé une adresse à l'empereur, dans laquelle, après de sincères félicitations sur son retour, ils lui avaient tenu le langage austère d'hommes libres et de patriotes. Il retrouva la même admiration pour sa personne unie aux mêmes vœux pour la liberté, dans les rangs de cette garde civique, où l'enthousiasme ne fit retentir aucune de ces paroles d'adulation que Napoléon n'était que trop habitué à entendre. Elle était composée d'environ quinze cents hommes; l'empereur leur commanda quelques manœuvres dont l'exécution parfaite le combla d'étonnement. Alors il fit ouvrir les rangs et passa la revue avec un soin minutieux; il parla à la plus grande partie des gardes nationaux, et il en reconnut plusieurs qui avaient fait sous ses ordres les campagnes d'Italie et d'Égypte. Quand il fut devant le drapeau, il se découvrit suivant son habitude, et le capitaine de la compagnie des grenadiers, homme honorable et environné de toute la popularité que donnent la probité et la vertu, lui parla en ces termes :

— Sire, la garde nationale de Grenoble a connaissance du décret qui confie au patriotisme des habitans de l'Isère la garde de nos places fortes. Si la paix que vous nous promettez n'était pas accordée aux besoins et aux vœux du peuple français, en maintenant la tranquillité dans ces remparts, nous les défendrions contre toute agression étrangère. Vous nous avez promis la liberté, Sire, nous comptons sur la parole de l'empereur, et nous, nous jurons d'être fidèles à la cause nationale, et de défendre notre ville jusqu'à la dernière extrémité.

— Oui, nous le jurons! Vive l'empereur! vive la liberté! s'écrièrent d'une voix unanime les gardes nationaux et le peuple.

Ce serment a été tenu, et le 6 juillet 1815, les citoyens de Grenoble, sans artillerie et sans troupes de ligne, repoussèrent victorieusement l'attaque d'une armée de quinze mille Piémontais.

Dans le but de répondre en même temps à l'énergique protestation de la garde nationale et à l'adresse des citoyens de Grenoble, Napoléon prononça d'une voix émue les paroles que nous allons rapporter. Elles furent immédiatement recueillies et publiées sous la forme d'une proclamation adressée aux habitans du département de l'Isère.

— Citoyens! lorsque, dans mon exil, j'appris tous les malheurs qui pesaient sur la nation, que tous les droits du peuple étaient méconnus, et qu'on me reprochait le repos dans lequel je vivais, je ne perdis pas un moment : je m'embarquai sur un frêle navire, je traversai les mers au milieu des vaisseaux de guerre de différentes nations, je débarquai seul sur le sol de la patrie, et je n'eus en vue que d'arriver avec la rapidité de l'aigle, dans cette bonne ville de Grenoble, dont le patriotisme et l'attachement à ma personne m'étaient particulièrement connus. Dauphinois! vous avez rempli mon attente.

J'ai supporté, non sans déchirement de cœur, mais sans abattement, les malheurs auxquels j'ai été en proie il y a un an; le spectacle que m'a offert le peuple sur mon passage, m'a vivement ému. Si quelques nuages avaient pu altérer la grande opinion que j'avais du peuple français, ce que j'ai vu m'a convaincu qu'il était toujours digne de ce nom de grand peuple dont je le saluai il y a vingt ans.

Dauphinois! sur le point de quitter vos contrées pour me rendre dans ma bonne ville de Lyon, j'ai senti le besoin de vous exprimer toute l'estime que m'ont inspirée vos sentimens élevés. Mon cœur est tout plein des émotions que vous y avez fait naître ; j'en conserverai toujours le souvenir.

CHAPITRE QUATRIÈME.

CHAPITRE IV.

Lyonnais, je vous aime!

Le succès inouï qui couronna les projets de Napoléon, la facilité avec laquelle il surmonta tous les obstacles, ont pu jusqu'à un certain point accréditer la fausse opinion que son retour avait été concerté entre lui et des personnages puissans qui, admis dans sa confiance autrefois, étaient parvenus à conquérir et à trahir ensuite celle du roi. Mais, Napoléon l'a dit lui-même dans une de ses proclamations : *Il est des événemens d'une telle nature qu'ils sont au dessus de l'organisation humaine.* On peut donc espérer qu'à part deux ou trois circonstances isolées, dont la déplorable authenticité ne saurait être démentie, la société n'a point à rougir d'un manque de foi aussi odieux, d'un complot basé sur la trahison et qui compterait tant de complices. Car, en supposant un instant qu'une réunion de grands personnages eût en effet conspiré avec Napoléon pour l'attaque audacieuse du 1ᵉʳ mars, il faudrait convenir que cette conjuration, si elle n'eût embrassé tous les ressorts de l'administration, jusque dans la hiérarchie la plus inférieure, n'aurait été qu'une causerie de salon, incapable de produire les graves et immenses résultats qui attendaient le retour de l'île d'Elbe. Quant à nous, nous croyons avoir suffisamment indiqué, peut-être avec trop de sévérité, du moins avec un indépendance absolue de toute influence, les vrais motifs de cette prodigieuse défection d'une armée et d'une grande nation tout entière; notre devoir est rempli, et plein de respect et de douleur pour d'augustes infortunes, nous nous bornerons à raconter les faits, sans remonter aux causes qui ont pu les produire.

Tandis qu'une province illustre, renommée par la sagesse et le patriotisme de ses habitans, saluait avec enthousiasme le glorieux drapeau de la république et ces aigles impériales qui avaient été le signe respecté des grandeurs de la France, la capitale apprenait la nouvelle du débarquement de Napoléon (1). Les diverses classes de la société la reçurent avec les sentimens qui leur sont propres, mais dans toutes elle produisit une fermentation extraordinaire. L'aspect que présenta l'immense population de Paris au milieu de ces graves circonstances aurait dû désiller les yeux du coupable ministère de cette époque. La convocation des chambres, qui suivit de près l'annonce du désastre dont la maison de Bourbon était menacée, était une mesure convenable, il est vrai, mais on sait qu'elle fut due seulement à la sagesse et à la loyauté constitutionnelle de Louis XVIII. Le ministère inspira en même temps au roi un acte impolitique et odieux, indigne d'un petit-fils de Henri IV, et qui rappelait la violence brutale des temps révolutionnaires. Cette ordon-

---

(1) Le gouvernement du roi apprit cet événement dans la nuit du 5 mars; mais ce fut le 7 seulement que le *Moniteur* publia officiellement les détails survenus à sa connaissance, c'est-à-dire le jour même de l'entrée de Napoléon à Grenoble.

nance royale, qui mettait Napoléon *hors la loi* en prescrivant de *lui courir sus*, avait été prise dans je ne sais quel formulaire barbare, digne à la fois des temps féodaux et des comités de salut public; elle manqua entièrement son but : elle acheva de déterminer à seconder les vues de Napoléon les hommes irrésolus que cette velléité d'omniptence monarchique épouvanta.

A peine le journal officiel eut-il indirectement confirmé les bruits qui circulaient dans le public, que chacun manifesta en toute liberté les opinions que lui inspirait cet événement. On peut dire qu'il y eut en quelque sorte une délibération solennelle et populaire, dont le résultat fut l'approbation du retour de Napoléon. Malheur au pouvoir qui compte aveuglément sur ses propres forces, et qui, méprisant les salutaires avertissemens de l'opinion publique, s'abandonne à la perfidie des conseils intéressés des courtisans. La force physique que la société a déposée entre ses mains n'a de développemens possibles que dans le cas où la force morale qui est l'âme et la vie des gouvernemens ne lui manque pas. Les armées elles-mêmes, dont l'obéissance passive est une des illusions que les pouvoirs aiment à se créer dans leur intérêt, ne sont rien qu'un accident social dans l'état de civilisation où nous sommes parvenus. La voix du peuple finit par pénétrer dans ces rangs hérissés de baïonnettes et qui paraissent invincibles. Il n'y a de salut pour les rois que dans l'amour des peuples, comme il n'y a de vraie gloire pour eux que dans l'exacte observation des lois.

Les hommes des dernières classes du peuple et qui n'avaient pu comprendre la liberté dont la charte avait doté la France, parce que la charte, en effet, ne semble pas faite pour eux, ces hommes à impressions vives et spontanées, dont l'imagination s'irrite ou s'exalte si facilement, n'avaient trouvé dans la restauration qu'une paix triste et mortelle à leur activité. La restauration n'était à leurs yeux que l'ancien régime; Napoléon était la révolution incarnée. Ce nom magique, que durant onze mois d'exil leurs regrets avaient su honorer dans les épanchemens du foyer domestique sous diverses allégories plus énergiques qu'ingénieuses, fit battre d'enthousiasme et de joie

— En avant! disaient les soldats, celui-là nous connaît et nous aime, il est notre véritable chef et notre père. Si la France ne peut pas nous nourrir après tout ce qu'elle a souffert, l'empereur nous conduira en Prusse, en Allemagne, chez tous ceux qui ont fait tant de mal à notre pays. Nous ne serons plus vexés par des officiers imberbes qui n'ont ni le droit ni le talent de nous commander. La croix d'honneur ne sera plus donnée qu'à ceux qui la méritent.

— Oui, mes braves, nous sommes tous frères, disaient les gens du peuple en se mêlant en tumulte dans les rangs des soldats. Cette fois-ci nous nous défendrons jusqu'à la mort. Nous n'abandonnerons plus l'empereur. A bas les émigrés!

Les classes moyennes de la société, où se retrouve en France avec la plus grande masse des lumières et de la fortune, la véritable expression de la volonté, des besoins et des intérêts nationaux, se rangèrent presque immédiatement, mais avec un peu d'hésitation et par d'autres raisons, du parti de l'heureux compétiteur des Bourbons. C'était surtout parmi cette grande et imposante portion du peuple français que les violations de la charte et des lois avaient été profondément ressenties. Les citoyens qui composent cette classe aisée et éclairée s'étaient spontanément ralliés au gouvernement royal, dans lequel ils trouvaient paix, sécurité, liberté. Mais les imprudentes déclamations des courtisans, les coupables opinions émises publiquement et à la tribune législative par les ministres de la restauration, leur avaient rendu plus que douteuse la conservation de ces avantages précieux. Ils paraissaient craindre que la loyauté du roi et celle des princes, dont il était impossible de douter, ne pût résister long-temps aux suggestions perfides de ces nobles factieux et insatiables dans leurs désirs, qui n'avaient pas, comme les Bourbons, rapporté de leur exil une haute et juste idée de la civilisation et des besoins de la France. Ils redoutaient en un mot une réaction complète, qui, déliant la nation de tous ses devoirs d'obéissance et de respect, la mît dans le cas de défendre par la force les droits que la loi constitutionnelle lui avaient reconnus. L'idée d'une guerre civile, dont les chances si peu certaines sont toujours funestes en dernière analyse, les porta à se réunir à Napoléon. Il n'y avait point à craindre avec lui que la révolution qui allait déposséder de nouveau l'ancienne dynastie, fût ensanglantée. L'armée qui seule, en s'opposant à son entreprise, aurait pu rendre la lutte longue et indécise, paraissait vouloir se ranger sous les drapeaux de son ancien général. D'ailleurs en supposant que l'exil et le malheur n'eussent pas apporté de changement dans les idées politiques de Napoléon, en les tournant vers un gouvernement moins absolu que celui qu'il avait exercé, il y avait encore au fond de son despotisme militaire quelque chose de national et de grand, qui du moins laissait subsister dans toute leur intégrité les principes fondamentaux de la révolution. Il n'y avait pas à hésiter entre ce pouvoir, quelque peu satisfaisant qu'il fût pour la liberté, et l'ancien régime dont on était menacé par tant d'actes impolitiques mais graves, qui avaient porté la colère et le désespoir dans tous les cœurs.

Voilà ce que, dans l'impartialité de notre âme, nous croyons avoir été l'opinion de la grande majorité des Français à cette époque remarquable, autant qu'il est permis aujourd'hui d'exprimer une vérité historique, sans courir le risque d'en devenir le martyr.

Il est une classe de la société qui jouit impunément de tous ses avantages, sans participer jamais à ses charges; elle est sans sympathie pour ses maux, sans énergie dans les jours de tempête: elle ne semble née que pour la prospérité et l'éclat des grandeurs. Elle insulte par son luxe à la misère publique, elle est sans pitié pour la plainte de ceux qui souffrent. La vie intellectuelle de cette classe d'hommes est extrêmement bornée; ils n'ont ni justesse dans l'esprit, ni sentiment de leur existence politique. Les antichambres des princes sont leur patrie; un regard bienveillant du souverain est l'objet de toute leur ambition, la cause de leurs intrigues, leur unique but, leur seul désir. Ils se croient propres à tout. Si par hasard le mérite est récompensé dans un individu qui n'est pas de leur caste, ils gémissent de cette justice rare et tardive, comme d'un attentat à leurs droits qui met l'état en danger, car l'état c'est la cour. Quand ils parlent du pouvoir, ils disent : nous ferons la paix ou la guerre ; nous monterons à cheval ; nous mettrons le peuple à la raison. Les anciens romans de chevalerie ne contiennent le récit d'aucunes prouesses de pourfendeurs de géans qui ne soient au dessous de leur courage et de leur intrépidité ; vienne le jour du danger, on ne les trouve nulle part où il y a de la gloire à acquérir. Qu'il y ait des hommes ainsi faits, dans un pays civilisé, c'est un accident comme la peste ou la famine, on le conçoit, mais que ces hommes soient appelés à disposer du sort des nations, que l'oreille des rois ne soit ouverte qu'à leurs conseils, malgré l'exemple des siècles et les leçons de l'histoire, c'est ce dont il est impossible de se rendre raison, sans avouer que le génie des peuples a, comme la fatalité, un bandeau sur les yeux.

Les courtisans, donc, puisqu'il faut les appeler par leur nom, ceux qui font métier de servilité qu'on appelle dévouement, de bassesse et d'avidité pour les emplois, qu'on décore du titre de zèle pour la chose publique, tous ceux enfin qui vivent de cette vie artificielle, dans cette atmosphère élevée où le peuple est méprisé, parce qu'il n'y est pas connu, n'attachèrent point une si grande importance à la nouvelle du débarquement de Napoléon sur les côtes de France. Ce fut au contraire de leur part le sujet de plaisanteries qu'on trouvait fort piquantes. Bonaparte avait bien fait de revenir en France, il gênait à l'île d'Elbe, et il fallait en finir avec cet homme. On l'attendrait de pied ferme si cela devenait nécessaire; mais il n'était pas probable qu'il fît six lieues dans un pays où il y avait des gendarmes et des juges de paix. A ce sujet, une noble dame dit en riant dans un cercle du grand monde, qu'il fallait envoyer contre Bonaparte un brigadier de maréchaussée avec ses quatre hommes, et ce mot fit fortune! On se moquait ouvertement de quelques personnes raisonnables qui manifestaient leurs craintes sur un ton moins plaisant. Il était du bon ton de ne pas croire à l'importance de cet événement.

Cependant de tristes réalités allaient bientôt succéder à cette inconcevable jactance de cour. Ce n'était point ainsi que l'auguste chef de la maison de Bourbon envisageait le grave événement qui menaçait sa couronne et troublait si brusquement les fêtes de son retour...

Il est aux Tuileries un appartement peu vaste où le roi de France aimait à sacrifier aux lettres et à l'étude les momens que ne réclamait pas sa sollicitude pour ses sujets. C'est aussi là que le roi, entouré de quelques amis fidèles et des princes de sa maison, délibère souvent sur les grands intérêts de l'état. Le meuble principal qui décore ce lieu est une petite table en noyer, qui servait à Hartwel à l'auguste exilé. Il a voulu que ce simple mais éloquent souvenir de son long exil fût apporté dans le palais de ses pères ; c'est sur ce meuble, dit-on, que sa main royale jeta les bases de la charte constitutionnelle, de cette charte qui sera, suivant ses nobles paroles, son plus beau titre de gloire aux yeux de la postérité !

Quel est le personnage qui à demi penché sur la table d'Hartwel, à l'heure où le bruit tumultueux de la capitale a entièrement cessé, veille encore à la lueur de quelques bougies ? Une tristesse profonde, sans altérer le calme habituel de sa physionomie, a jeté comme un voile sur ses traits si distingués et qui offrent le type parfait d'une antique race royale. Il parait plongé dans une grave méditation et comme absorbé dans sa pensée. En ce moment peut-être il rêve aux moyens d'éloigner l'orage qui va gronder sur la France, et faisant un retour sur lui-même, il plaint le sort des hommes qui sont condamnés à régner; privilége glorieux qui lui a coûté déjà tant de jours tristes et de si pénibles alternatives.

Ce prince, qui a reçu en partage avec l'héritage des rois une âme forte et une intelligence élevée, est l'auguste auteur de la charte; c'est lui qui après un long exil a voulu qu'un pacte solennel, unissant le présent au passé, ralliât la France autour du trône de Henri IV et rendît la couronne gardienne des libertés du peuple, pour donner une nouvelle vie à la France et rajeunir une monarchie de douze siècles. Dans ce moment, en repassant dans son esprit toutes les circonstances de sa vie laborieuse, il ne peut contenir dans le fond de son cœur un sentiment de douleur et d'amertume que lui inspire l'étonnante instabilité de sa destinée.

Né sur les marches du trône, ce fut la volonté de Dieu que Louis s'en trouvât tour à tour éloigné et rapproché par une de ces tempêtes politiques dont les sociétés n'éprouvent les terribles effets qu'à de longs intervalles. A peine arrivé à l'âge mûr quand la révolution française éclata, il crut devoir à sa haute naissance et à ses opinions personnelles sur la marche des affaires publiques, le douloureux sacrifice de l'exil. Peut-être ne peut-on bien apprécier toutes les raisons qui amenèrent de sa part cette résolution funeste; elle détermina une crise violente dont sa prudence et ses conseils auraient pu détourner les causes. Le monde entier connaît les événemens qui suivirent de près l'émigration des princes..... Ce fut sur une terre étrangère que quelques serviteurs dévoués saluèrent Louis XVIII comme roi de France, et ce titre, le plus grand qui puisse être porté par un homme, ne le trouva point dans des jours de détresse au dessous du courage et de la noblesse qu'il exige.

Non, la gloire qu'on acquiert sur les champs de bataille n'a pas seule des droits aux respects et à l'admiration des hommes. Le roi Louis, victime des exigences politiques qu'imposait le révolution victorieuse à tous ceux qui osaient la combattre, se montra au milieu de ces circonstances critiques digne à la fois de ses ancêtres et du trône que des catastrophes terribles venaient de lui léguer. Il n'y a point dans l'histoire de tableau plus sublime et plus touchant que celui qu'offrit alors cette race antique des Bourbons promenant dans l'Europe son auguste infortune. Accueillis dans une cour d'où les bannissait bientôt une timide et cruelle circonspection, ces princes donnèrent au monde un grand exemple de force d'âme et de courage moral qui rehaussèrent encore l'éclat d'une cause aussi belle que la leur. Quel Français peut lire sans éprouver un vif sentiment d'attendrissement et d'orgueil national ces lettres admirables que Louis XVIII adressa successivement au roi d'Espagne, à la république de Venise et au premier consul?.... Au roi d'Espagne, qui venait de traiter avec les juges du chef de sa famille, il redemande le grand-cordon de l'ordre du Saint-Esprit; à la république de Venise, il ordonne d'effacer le nom de sa famille du livre d'or; au premier consul il répond qu'on ne transige pas avec l'honneur, mais, reconnaissant des bienfaits dont cet homme illustre a doté la France, il l'en remercie, en refusant des offres que, dans sa confiance en l'avenir, le chef de la république avait pu croire généreuses.

Et aujourd'hui que la providence s'est souvenue de lui, que le chemin du trône de ses pères s'est ouvert devant ses pas; aujourd'hui qu'il a revu la France, et que le doux soleil de la patrie est tombé sur ses cheveux blancs, qu'il a rendu des jours de joie à son cœur accablé si long-temps par les ennuis de l'exil, quel nouveau sacrifice le destin vient-il lui demander? Il se rappelle, dans sa royale affliction, cette belle journée saluée par les acclamations d'un peuple ivre d'espérance et de joie qui se pressait sur son passage. Quelle délicieuse sensation il éprouva, quand il se retrouva au milieu de cette grande nation, dont son âme française admirait, sur la terre étrangère, les héroïques travaux! Oui, dans la solitude d'Hartwel, il y avait un écho qui répétait les chants de victoire d'Austerlitz, de Jéna, de Tudela, de Smolensk. L'auguste exilé suivait avec orgueil la marche des armées françaises, et si quelques expressions de regrets se mêlaient à sa joie, elles lui étaient arrachées par la noble ambition de régner sur le peuple qui produisait d'aussi braves soldats. Louis XVIII l'a dit : (que sa mémoire soit bénie!) les peuples seraient trop à plaindre s'ils apprenaient à douter de la parole des rois.

La France avait long-temps combattu pour la liberté, mais le génie de la gloire en avait absorbé les bienfaits. Il la trouva digne d'en jouir à toujours, et la Charte fut promulguée. Mais, hélas! les plus nobles bienfaits des princes sont trop souvent interceptés en passant par d'autres mains que les leurs! Louis avait trop d'esprit et d'élévation d'âme pour s'en fier aux protestations des courtisans; il se rappelait ce qu'avait produit le manifeste de Brunswick. Mais il ne pouvait croire que les Français se fussent retirés de lui, et il cherchait vainement dans le secret de ses méditations les causes d'une désaffection qui n'était que trop évidente. C'est à ces réflexions que la France devra un jour le loyal aveu des fautes de son gouvernement.

Ce prince, que de cruelles infirmités ont frappé avant l'âge, qui a été si long-temps le jouet de la fortune et de la politique capricieuse des cabinets, redoute-t-il pour lui les atteintes du malheur? Les Bourbons ont appris au monde qu'ils savaient souffrir.... Mais la France! quel avenir terrible se prépare pour elle? Louis XVIII, dans sa royale sollicitude, pleure d'avance sur les maux que l'invasion de Napoléon doit entraîner avec elle. Ah! sans doute, en ce moment où les douloureuses destinées de la patrie apparaissaient à son esprit, l'auguste vieillard dut accabler de justes reproches les insensés qui avaient trahi sa confiance et faussé son gouvernement. Sans doute il sentait alors que si le pouvoir ne doit point paraître faible en cédant trop facilement à toutes les exigences de l'esprit public, il est cependant des sentimens et des intérêts que le pouvoir ne blesse pas impunément dans une nation grande et éclairée. Mais si les Bourbons ont pour ainsi dire acquis depuis trente ans l'habitude de l'adversité, ils ne céderont pas le trône de leurs pères sans déployer encore une fois l'énergie et la constance qui le méritèrent jadis à leur aïeul Henri IV. La différence des temps nécessite un autre genre de courage, et on les verra d'abord, se conformant aux principes des institutions publiques, employer pour résister à Napoléon tous les moyens que les lois ont remis entre leurs mains.

Le roi a voulu que dans ces graves circonstances le trône fût environné de toutes ses forces constitutionnelles; il a convoqué les chambres. Bientôt au milieu des représentans de la France, on entendra ces princes infortunés, pour ôter tout prétexte à la malveillance, jurer de nouveau, à la face du pays, le maintien et l'exacte observation de cette Charte qui, sanctionnant les droits du peuple, a réglé ceux du roi. Les princes du sang, dans le noble espoir de retenir le soldat sous les drapeaux, et de rappeler aux populations des départemens les titres que les Bourbons ont à leur amour et à leur fidélité, vont occuper divers points la France. Le parti le plus périlleux appartient au second des Bourbons. Napoléon marche sur Lyon : et le comte d'Artois, accompagné d'un prince de sa famille et d'un maréchal dont le caractère ferme et vertueux ne se démentira pas, vole dans dans les murs de la seconde ville du royaume (1).

La population de Lyon s'est prononcée.

(1) M. Fleury de Chaboulon, auteur de *Mémoires* fort remarquables *sur les cent jours*, dit dans une note de son ouvrage : « Que ce fut une grande inconséquence de mettre le comte d'Artois en présence de Napoléon. Il était facile de prévoir, si ce prince succombait dans une ville de cent mille âmes contre huit cents hommes, que tout serait décidé. » Je n'adopte point cette opinion, car moi aussi, témoin obscur et inconnu de ces grands événemens, j'ai été peut-être plus à même que cet honorable écrivain de juger de l'esprit du peuple. La démarche du comte d'Artois, outre qu'elle était généreuse, était encore un acte politique de la plus haute importance. S'il eût été humainement possible aux Bourbons d'arrêter Napoléon, la présence de ce prince à Lyon eût déterminé le mouvement que les autorités n'étaient pas à même de diriger : mais l'esprit des citoyens et des soldats ne laissait aucune espérance à cet égard. Ceux qui pensent que l'empereur ne réussit qu'à l'aide de l'armée se trompent étrangement : cinquante mille paysans du Dauphiné auraient

Les nouvelles du Dauphiné qui arrivent à tout moment circulent avec une prodigieuse célérité dans cette grande ville, dont tous les habitans envahissent les quais et les places publiques. Du milieu de ces groupes tumultueux, des voix nombreuses s'élèvent en faveur de Napoléon. Nul ne déguise ses sentimens, et l'autorité publique est sans influence sur un peuple qui déjà se sépare d'elle, et sem-

marché avec lui sur Lyon, s'il n'eût lui-même contenu leur enthousiasme.

A l'approche de Napoléon, toutes les autorités civiles ou militaires furent spontanément abandonnées. Les préfets comme les généraux, qui demeuraient fidèles aux Bourbons, se voyaient à peu près seuls. On a fait depuis lors beaucoup de dissertations sur la fermeté qu'il convient à un fonctionnaire de déployer. Ces fanfaronnades sont bonnes dans les salons : l'autorité est impuissante quand les masses forment l'opposition; elle a de la force quand les masses demeurent neutres. Que le peuple ne soit rien pour certaines personnes, qu'on n'en parle qu'avec mépris, cela est possible, et jusqu'à un certain point, dans l'ordre politique, est-il prudent de proclamer de semblables opinions; mais moi, je crois que le peuple est beaucoup, car ce qu'il veut, il le peut.

ble réuni en comices pour légitimer un autre pouvoir qui tiendra tout de lui. Cette autorité s'exerce encore au nom du roi, mais on sent qu'elle n'est plus que nominative depuis qu'elle est contestée.

Cependant les bruits les plus étranges viennent se croiser avec ceux qui ont fait naître cette agitation populaire. On dit que Monsieur marche sur Lyon, à la tête d'une armée de trente mille hommes, qui se sont volontairement enrôlés sous le drapeau blanc. Oudinot, dont le nom est célèbre dans les fastes militaires; Oudinot, qui a hérité de la gloire et du titre de La Tour d'Auvergne, arrive précipitamment à la tête des grenadiers royaux. Ney, le brave des braves, commande au nom du roi dans les départemens de l'Est; et enfin le duc d'Angoulême, impatient de faire enregistrer au champ d'honneur son titre de fils de France, va manœuvrer sur les derrières de Napoléon à la tête des nombreux volontaires royaux du midi. Tout annonce ainsi que l'homme funeste, que le tyran, repoussé par toute la France, ne pourra résister aux forces imposantes qu'on oppose à son audace; et que, dépossédé de son génie prévoyant, il va l'être encore de sa gloire militaire.

Le peuple ne s'occupe point à examiner la probabilité de ces nouvelles; il y croit sans doute, mais il croit plus encore dans la fortune de l'empereur. L'influence de son grand nom, voilà ce qu'aucune force sur la terre ne saurait paralyser; et quand toutes les armées étrangères accourraient encore pour s'opposer à lui, Napoléon, à la tête d'une poignée de braves, rallierait tous les esprits; et la crainte d'un revers n'ébranlerait pas la foi vive, entraînante, aveugle, que le peuple a dans son génie et dans la puissance invincible de son épée. C'est donc vainement que des proclamations fastueuses, où l'injure et le mépris sont prodigués à l'empereur, couvrent les murailles de la ville, et appellent aux armes des citoyens incrédules; c'est vainement que l'aristocratie lyonnaise, que la yeomanry de la garde nationale parcourt les rues en faisant bruire des armes et en remplissant l'air des cris de Vive le roi! Le peuple prend en pitié ces vaines démonstrations, et il attend avec une sorte de calme, effrayant pour le pouvoir qui succombe, les événemens qui semblent d'accord avec ses vœux et ses résolutions. Ces événemens vont se succéder avec une effrayante rapidité; comme si le destin se plaisait à montrer dans toute leur nudité la faiblesse réelle des pouvoirs et l'instabilité des grandeurs humaines.

Le comte d'Artois entra dans Lyon, non pas avec la puissante escorte que la renommée lui avait donnée, mais seulement accompagné de quelques cavaliers et avec une suite de voitures peu nombreuse. Son Altesse Royale, impatiente sans doute de juger par elle-même de l'esprit qui anime la population de cette grande ville, veut se montrer au peuple sans le cortége qui entoure les princes en des jours de solennité. Peu de mois se sont écoulés depuis que le frère du roi est venu recevoir pour la couronne l'hommage des Lyonnais. Oh! comme alors tout était beau aux yeux du prince! la joie brillait sur tous les visages, des acclamations unanimes accueillaient sa présence, toutes les fenêtres étaient pavoisées de drapeaux blancs parsemés de fleurs de lis; durant la nuit l'obscurité était dissipée par d'innombrables flambeaux qui scintillaient sur l'hôtel du riche, comme sur le toit élevé qui abrite le travail et la misère. On dit même que quelques hommes, disputant aux chevaux du prince, dans le délire de leur enthousiasme, l'honneur de traîner le char triomphal où il était assis, s'attelèrent au nombre de vingt, et le conduisirent ainsi par la ville. Ignoble et dégradant exemple de servilité et de bassesse, qui plus d'une fois a causé les déceptions des rois!...

Aujourd'hui tout est calme et silencieux à son aspect. L'auguste personnage promène autour de lui des regards attristés ; mais la vive douleur, qu'il éprouve sans doute, n'altère point l'expression de bonté qui respire dans ses nobles traits. Il est encore ce prince brillant, aux formes chevaleresques, dont le sourire est si doux et les paroles si pleines de l'esprit et de l'urbanité nationale. Il a revêtu cet uniforme de la garde citoyenne qui rappelle à la France de si grands souvenirs; et le panache blanc, qui retrace la valeur traditionnelle des Bourbons, le désigne de loin au peuple triste et morne, mais qui salue encore avec respect un fils de France aux prises avec l'adversité et la plus grande renommée des temps modernes. Et cependant quand le prince montera à son tour sur le trône, dont il n'est aujourd'hui que le premier sujet, des ministres audacieux frapperont en son nom cette garde nationale dont il paraît fier de porter les insignes. Tout s'enchaîne dans la vie politique des nations, et cette idée affligeante devait trouver ici un rapide souvenir!...

L'arrivée du prince produit cependant à Lyon quelques symptômes d'agitation publique favorables en apparence à la cause des Bourbons. Tous ceux que l'intérêt ou d'anciennes affections attachent à cette dynastie se pressent autour de Monsieur, et protestent de leur dévouement. Attachement respectable sans doute, mais dont les promesses trompeuses ne furent jamais réalisées! Si le prince en croyait cette cour bourgeoise qui s'incline devant lui, il n'aurait qu'à se porter sur un point où le danger serait plus réel et plus grand. Tous ces fidèles royalistes veulent mourir pour lui, Napoléon ne traversera le pont de la Guillotière que sur leurs corps mutilés par la baïonnette de ses satellites. La yéomanry surtout, plus belliqueuse que jamais, remplit l'air de ses cris, et trépigne d'enthousiasme et de dévouement. Voyez tous ces bouillans cavaliers dont les casques brillans ombragés de longs panaches produisent un si bel effet; voyez comme leurs armes damasquinées reflètent les rayons du soleil. La plupart sont de jeunes gentilshommes élevés dans le mépris du peuple et dans la confiance en eux-mêmes; chacun d'eux semble briguer la gloire et la renommée de Précy; les sermens qu'ils font au prince paraissent dictés par le plus noble et le plus pur des sentimens, et remplissent d'espérances son cœur loyal et généreux qui se plaît à croire aux transports de cette noble élite des citoyens. Qui ne penserait, à l'aspect de cette scène passionnée, que le destin va se déclarer pour une cause embrassée avec tant de chaleur?... Qui ne pardonnerait aux rois les illusions dont ils sont trop souvent entourés? Mais ce fastueux étalage de bravoure et de fidélité est menteur comme ces riches décors que la foule admire dans nos théâtres et qui, examinés de près et sans le prestige des lumières, n'offrent plus qu'un amas confus de couleurs et de dessins grossiers.

Quelques hommes honorables, guidés par des motifs plus puissans, inspirés par des sentimens moins exaltés, mais plus purs et plus vrais, tiennent aussi au prince un autre langage plus conforme à la gravité des circonstances. La vérité, long-temps voilée aux grands de ce monde, leur apparaît toujours tôt ou tard dans toute son énergique simplicité. Mais alors trop souvent il n'est plus temps de réparer les fautes de la flatterie. On apprit à Monsieur le véritable état de l'opinion; il sut que le peuple était porté vers Napoléon par un irrésistible entraînement qui tenait à vingt-cinq années d'habitudes sociales dont la plus grande partie était froissée par la restauration. Il sut aussi qu'il était impossible de compter raisonnablement sur l'obéissance des soldats; moins peut-être à cause de leur attachement inaltérable et profond pour Napoléon, que par la généreuse aversion qu'ils auraient à combattre leurs frères d'armes. Monsieur fut vivement affligé en recevant ces douloureuses communications, qui ruinaient ses espérances, et lui annonçaient pour la France comme pour son auguste famille un avenir désolant, dont la pensée pesait sur son cœur; mais il ne voulut point céder à l'instant à ces premiers, quoique décisifs obstacles, qui entravaient sa haute mission. Il résolut de s'offrir entièrement aux coups de la tempête qui le menaçait, et d'opposer la confiance et la résolution aux signes trop évidens de la défection et de l'abandon qu'il prévoyait. Cette idée était digne de lui; et la postérité, en apprenant l'issue fâcheuse de sa détermination, lui tiendra compte du moins de son courage et de sa généreuse persistance.

Malheureusement les princes, quelque bons, quelque éclairés qu'ils soient, ont un penchant inné pour la force brutale, et placent avant l'amour et la fidélité des peuples l'obéissance passive des soldats. Non-seulement cette opinion est fausse sous le rapport des résultats que peut présenter l'adhésion des uns et des autres, mais encore elle est dangereuse pour le pouvoir, menaçante pour les lois et la civilisation. Que des soldats factieux aient souvent disposé du trône sanglant de Constantinople et de la pourpre avilie des Césars dégénérés, ce phénomène social s'explique facilement. Il n'y avait point derrière ces prétoriens, corrompus par les largesses de leurs lâches souverains, de nation grande et civilisée qui eût le sentiment de sa force. Mais à l'époque où le monde est arrivé, les armées représentent la société se précautionnant contre la violence étrangère; ce ne sont pas les rois, ce sont les peuples qui paient les soldats; ils ne tiennent des princes qu'un mandat légal; et vouloir les faire sortir de cette position qui les soumet aux institutions de leur pays, c'est renverser l'ordre des temps et recommencer Attila. Néanmoins ce fut sur les troupes rassemblées à Lyon que Son Altesse Royale résolut d'essayer son influence personnelle.

Napoléon avait quitté Grenoble, et il continuait sa marche rapide et triomphale avec cette sécurité qui, dans les hommes fortement organisés, est un symptôme de vigueur et de succès. La route de Grenoble à Lyon est semée de villages riches et populeux qui donnent de la vie aux paysages pittoresques où ils sont situés. Il voyageait dans une calèche découverte, qui était souvent arrêtée par les torrens de population qui affluaient sur son passage. En examinant avec une sorte d'enthousiasme ces contrées riantes dont une culture habile a décuplé la fertilité, l'empereur se plaisait à entendre les allocutions des robustes paysans qui venaient le saluer libérateur de la patrie. Ces hommes simples, mais fermes et résolus, profondément inspirés par l'amour ardent de la liberté, traditionnel dans leur pays, ne ressemblent point en général aux populations laborieuses, mais ignorantes, des campagnes dans plusieurs provinces de France. L'empereur écoutait avec une attention extrême les énergiques observations de ces braves gens. Souvent cet esprit superbe, que sa prodigieuse supériorité avait quelquefois jeté dans un injuste mépris pour les hommes, fut étonné de la hardiesse et de la grandeur des pensées de ces montagnards patriotes. Il est à remarquer qu'obéissant aux règles d'une saine politique, ou que, dominé lui-même par cette ferveur sincère qu'inspirent les saintes expansions du patriotisme, il leur répondit plutôt en citoyen qu'en souverain. Il était vivement ému, et quand il daignait recevoir dans sa main la main calleuse d'un paysan qui se retirait heureux et fier, Napoléon fut souvent surpris essuyant quelques larmes d'attendrissement. Émotion généreuse qu'excitait en lui le secret des nobles espérances que ce peuple lui confiait!

Les jeunes gens des villages lui formaient une escorte bruyante jusqu'aux villages voisins. Tous voulaient accompagner l'empereur jusqu'à Paris, mais il n'acceptait qu'un très-petit nombre de ces volontaires. Il leur parlait de l'espoir qu'il avait de maintenir la paix, de l'utilité dont il pensait que des jeunes gens forts et vigoureux pouvaient être dans leurs familles pour les travaux de l'agriculture. Ainsi celui dont les lois fortes et terribles avaient si souvent moissonné la jeune population de la France, se faisait l'avocat des mères et le défenseur de l'humanité.

A quelques lieues de Bourgoin, il fut tout à coup entouré par une foule nombreuse qui l'accompagna en chantant les vieilles hymnes de la république. Il avait déjà auprès de lui quelques flatteurs qui, pensant qu'un pareil hommage pouvait attrister son orgueil impérial, s'en allaient au milieu de ces rangs tumultueux pour régulariser leur dévouement et en faire changer l'expression; ils n'obtenaient d'autre réponse que les cris de : A bas les aristocrates ! vive la liberté ! vive l'empereur ! Ils se retiraient tout confus, et Napoléon devinant la cause secrète du zèle de ses amis, leur interdit sévèrement des démarches de ce genre; il voulait voir le peuple dans toute la vérité de ses formes.

Ce fut là qu'un vieillard qui, décoré d'une écharpe tricolore serrée par dessus un tablier en peau, était le maire de sa commune, se présenta devant lui accompagné de tous ses administrés. L'empereur fit arrêter sa voiture, car il s'aperçut que ce magistrat désirait lui parler; il ne se trompait pas. En s'approchant de Napoléon le vieillard se découvrit avec un respect qui n'avait rien de servile ou d'embarrassé; il montra ses cheveux blanchis par le temps et de rudes travaux, et des traits mâles et austères qui rappelaient ceux de ces inflexibles républicains dont les vertus rendirent Rome si grande et si puissante. Il s'exprima en ces termes :

— Sire, je ne sais pas faire de belles phrases; je suis au milieu de mes enfans, je viens vous parler avec mon cœur. Nous avions besoin de vous et nous vous attendions. Quand vous serez à Paris, n'oubliez pas que ce sont des hommes libres qui vous en ont ouvert le chemin. Mettez à la porte tous les nobles insolens qui nous menaçaient déjà de reprendre leurs biens que la nation nous a vendus. Nous ne voulons être gouvernés ni par les prêtres ni par les étrangers. Nous vous donnerons de l'argent et des soldats; mais vous avez assez fait pour votre gloire, vous êtes un grand général, nous sommes un peuple pauvre, pensez à notre bonheur. Adieu, Sire; que Dieu vous protége; n'oubliez jamais que nous sommes des hommes libres et que nous voulons rester libres; vous êtes le représentant du peuple.

— Citoyens, répondit l'empereur avec une imposante dignité, je remplirai votre attente. Je suis venu à vous parce que vous m'appeliez... Dauphinois, votre souvenir me sera toujours cher; je retrouve parmi vous les sentimens qui, il y a vingt ans, me firent saluer la France du nom de grande nation! Oui, vous êtes encore la grande nation, vous le serez toujours. Quant à vous, Monsieur, ajouta-t-il en s'adressant plus directement au vieillard, vous avez parlé à mon âme, je n'ai pas d'autres intérêts, d'autres sentimens que les intérêts et les sentimens de la patrie; comptez sur moi. Je ne puis vous donner qu'une preuve de mon estime, mais je la crois digne de vous et de moi. Approchez-vous, Monsieur (1).

A ces mots Napoléon, malgré la fatigue qui l'accablait, descendit précipitamment à terre, et ouvrit ses bras au vieillard, qui le serra plusieurs fois sur son cœur, tandis que les cris de vive l'empereur! mille fois répétés, sortaient de cette foule d'hommes étonnés et attendris.

Napoléon causa quelques instans encore avec le magistrat municipal; il demanda le nom de sa commune, s'informa avec une vive sollicitude de sa position et de ses besoins,

(1) L'auteur de cet ouvrage a été témoin de ce fait, qui n'est point exactement rapporté dans les diverses relations du *Voyage de Napoléon en* 1815. Il a l'honneur de connaître le respectable magistrat qui adressa la parole à l'empereur, et c'est pour se conformer à ses désirs qu'il s'est dispensé de le nommer.

adressa la parole avec bonté à plusieurs paysans qui s'étaient approchés de sa personne, enhardis peut-être par le succès de leur maire, remonta dans sa voiture, et saluant encore de la main tous ces braves gens, il continua son voyage. On remarqua qu'en s'éloignant de ce lieu, l'empereur se retourna souvent du côté où s'était passée la scène extraordinaire que nous venons d'esquisser. Il parla peu aux personnes qui l'entouraient, et il ne chercha point à cacher l'émotion profonde qu'il avait éprouvée.

Ces incidens, qui remuaient l'âme de l'empereur, se reproduisirent fréquemment dans ces mémorables circonstances. Si le spectacle qui s'offrait à ses yeux était de nature à lui faire comprendre la hauteur de sa mission et le caractère du peuple qui se donnait à lui, les citoyens qui recueillaient ses réponses, pleines de patriotisme et de dignité, s'éloignaient avec la certitude que les destinées du pays étaient à jamais à l'abri des caprices des étrangers et des factions intérieures. Profondément frappés de cette vive sympathie qui semblait unir Napoléon aux Français, ils répétaient avec enthousiasme à leurs concitoyens moins heureux, les grandes paroles qu'il laissait tomber sur son passage, et le proclamaient de nouveau l'homme national. Jusqu'alors la marche de l'empereur n'avait été retardée un seul moment par aucune opposition, l'unanimité la plus constante et la plus complète paraissait devoir seconder son entreprise. Il traversait le pays plutôt en souverain bien aimé, en roi populaire qui vient s'informer des vœux et des besoins de ses sujets, qu'en prétendant à un trône occupé par une ancienne dynastie, qui disposait légalement d'une armée et d'une administration dont l'organisation semble si favorable au pouvoir. Ce fut à Bourgoin qu'il reçut la nouvelle de la première résistance sérieuse dont il avait à triompher. Ce fut là qu'il apprit l'arrivée à Lyon de monsieur le comte d'Artois et la réunion d'un corps d'armée sur l'esprit duquel il était possible que la haute réputation de l'illustre Macdonald exerçât une influence contraire à ses projets. Il reçut ces communications en général qui a prévu tous les obstacles, et rassuré sans doute, malgré l'infériorité de ses forces, par l'esprit public qui éclatait sur son passage, ce fut le sourire sur les lèvres qu'il ordonna au grand maréchal de faire établir un pont sur le Rhône, afin de couper la route de la Bourgogne au prince qui voulait s'opposer à son entrée à Lyon. Mais la volonté du peuple et la destinée qui avait condamné l'auguste famille des Bourbons à essuyer de nouveaux revers, rendirent inutile l'exécution de cet ordre en ouvrant à Napoléon les portes de la seconde cité de la France.

Son altesse royale le comte d'Artois, avant d'abandonner les événemens à leur cours naturel, voulut, comme on l'a dit plus haut, faire l'essai de la puissance que le roi lui avait déléguée, et susciter du moins à Napoléon un obstacle assez fort pour ralentir sa marche et donner au gouvernement le temps d'organiser dans la capitale un autre plan de défense. Ce fut dans cette intention que le prince ordonna de détruire les ponts jetés sur le Rhône afin de couper les communications de la ville avec le Dauphiné. Mais cet ordre éprouva une opposition telle, dans le sein même du conseil municipal, et d'ailleurs l'effervescence que causèrent dans la classe ouvrière les premiers bruits de ce projet, ne permit pas d'en tenter l'exécution. On chercha alors à capter l'obéissance des troupes, par tous les moyens qui exercent habituellement sur les hommes peu éclairés une influence certaine. On fit aux soldats des distributions d'argent, on s'efforça de séduire leur esprit par l'appât des récompenses ; le prince daigna lui-même employer la prière, mais rien ne put ébranler l'attachement qu'ils avaient voué à Napoléon, qu'ils reconnaissaient hautement pour leur général et leur père. S'il n'est pas permis à un honnête homme d'approuver en principe la défection de l'armée française à cette époque, défection déplorable puisqu'elle appelait les soldats à jouer un rôle politique, on doit aussi reconnaître que cette brave armée fut entraînée dans sa faute par des motifs nobles et généreux, et que dans cette circonstance si elle manqua à ses devoirs, elle obéit au vœu national plutôt qu'elle n'en dirigea l'expression.

Cependant Napoléon s'avançait ; les avant-postes de l'armée, qui était encore nominativement sous les ordres du roi, se repliaient sur Lyon en mêlant leurs acclamations à celles des troupes impériales et des volontaires dauphinois, qui couvraient Lyon. Le prince résolut de faire un dernier effort pour entraîner les troupes, et il ordonna une revue. Les circonstances étaient pressantes, mais ni la noble douleur qui obscurcissait le front de l'auguste personnage, ni ses allocutions chaleureuses et bienveillantes ne parvinrent à ébranler les soldats, qui gardèrent un silence sombre et obstiné.

Le 13me régiment de dragons, composé de militaires éprouvés dans la guerre laborieuse et sanglante de la péninsule, avait gardé jusqu'alors une discipline sévère. Ces vieux guerriers, dont les armes de forme antique, la tenue grave et imposante, inspiraient l'admiration et le respect, n'avaient fait entendre aucun cri qui pût indiquer l'esprit qui les animait, et jusqu'à un certain point, il était naturel de penser, d'après leur conduite irréprochable, qu'ils sacrifieraient au devoir militaire les secrets penchans de leur cœur.

Le prince, en passant au milieu de ces rangs

formidables, salua avec sa grâce accoutumée l'étendard du régiment, et demanda au colonel s'il pouvait compter sur les braves qu'il commandait.

— Monseigneur, répondit le colonel avec une vive émotion, Votre Altesse royale peut compter sur mon épée et sur moi; mais il ne m'est pas possible de répondre que mes soldats tireront le sabre contre les troupes de Napoléon. Je suis certain qu'aucun d'eux ne violera la discipline et n'exécutera un mouvement qui ne lui sera pas commandé; c'est tout ce que je puis promettre, et Votre Altesse royale va en juger. Soldats, ajouta-t-il en plaçant son casque à la pointe de son sabre, Vive le roi!...

Le régiment demeura immobile et silencieux, et l'acclamation du colonel se perdit dans le lointain.

Alors Son Altesse royale, dans ce douloureux instant, résolut d'épuiser tous les moyens que lui suggéraient son noble caractère et les grands intérêts qu'il voyait si gravement compromis. Le prince s'approcha d'un soldat dont quatre chevrons décoraient l'habit et qui lui avait été désigné comme exerçant une influence morale extraordinaire sur ses compagnons.

— Donne-moi ta main, mon brave, dit le prince avec ce ton de bonté affectueuse qui le caractérise, je veux donner en toi une marque d'estime à ton régiment. Hésiterais-tu?....

— Non, répondit le vétéran avec autant de respect que de gravité, je remercie Votre Altesse royale de sa bonté. Aucun de nous, Monseigneur, n'a de la haine contre vous.

— Eh bien, reprit le prince, donne-moi une preuve d'attachement; un brave comme toi doit montrer l'exemple; crie avec moi : Vive le roi!

— Aucun de nous, répliqua aussitôt le dragon avec la même fermeté, ne combattra contre son père et contre ses frères d'armes, je ne puis vous répondre qu'en criant : Vive l'empereur!...

Et ce cri désolant pour le prince fut répété par le régiment d'une voix unanime....

Un petit-fils de Henri IV ne pouvait insister davantage; et comme le plus guerrier de ses braves ancêtres, il avait le droit de s'écrier : *Tout est perdu fors l'honneur!*

Et maintenant que le cœur navré de tristesse le prince infortuné, forcé d'abandonner aux volontés de la providence le trône dont il doit hériter un jour, reprend le chemin de Paris, où sa présence doit mettre le comble aux alarmes de son auguste famille, s'éloignera-t-il de Lyon sans qu'aucune marque de respect pour son rang, de regrets pour son malheur, ne vienne adoucir l'amertume de ses pensées?... La voiture dans laquelle il s'est précipité en disant avec l'accent de la douleur et du découragement : « Tout est perdu ! » traverse les rangs de la garde nationale à cheval, de la brillante *yeomanry* de Lyon, sans qu'aucun de ces cavaliers qui, deux heures auparavant, protestaient de leur dévouement, ne se dispose au moins à lui servir d'escorte, à veiller à sa sûreté. Nobles hommes! que l'aveuglement des cours place dans leurs affections comme dans leurs bienfaits avant les hommes simples et loyaux des classes populaires, voilà un des traits les plus poignans de votre égoïsme. Fidèles aux princes dans la splendeur des beaux jours, vous les avez toujours fui aux approches des orages. Ah! malgré les fautes de la restauration, œuvre déplorable de perfides conseillers, un fils de France, un prince d'une famille qui a donné tant de rois au pays, d'une famille dont l'origine se perd au milieu des plus vieilles traditions de notre antique monarchie, ne devait pas s'attendre à ce funeste abandon. Et moi-même qui m'efforce aujourd'hui de retracer ces imposans souvenirs, moi qui bien jeune alors précédais dans la foule du peuple et des soldats le coursier de Napoléon, je n'appris pas sans éprouver une vive et profonde peine ce douloureux isolément d'un Bourbon. Frappé de l'abandon de cette gloire de douze siècles, que les Français sacrifiaient à leur nouvelle gloire, je donnai quelques larmes à son illustre infortune!... Mais l'honneur français ne sera pas souillé de cette tache, il se retrouve toujours quelque part dans cette nation généreuse.

Tandis que Napoléon vengera l'injure des rois sur les infidèles gardes nationaux de Lyon, le comte d'Artois aura pour gardes ces mêmes soldats qui lui ont refusé leurs armes. Elles ne se tourneront pas contre leur ancien général, mais elles protégeront la retraite de l'auguste frère du roi. Un lieutenant et quelques dragons du 13me régiment ne purent voir sans indignation la solitude dans laquelle le prince allait demeurer, et ce détachement, auquel se joignit alors un seul garde national à cheval, lui servit d'escorte jusqu'à une assez grande distance de Lyon (1).

A peine Monsieur eut-il renoncé à l'espoir

---

(1) Le départ de Mgr le comte d'Artois de Lyon a donné naissance à une foule de bruits populaires, qui, adoptés par un grand nombre de biographes de Napoléon, sont cependant entièrement contraires à la vérité. Nous ne craignons pas d'être démentis en déclarant que notre récit est un tableau *d'après nature*. Le brave lieutenant qui commanda l'escorte de *Monsieur* est M. Marchebout, officier aujourd'hui en retraite..... Il faut avouer que Napoléon aurait autrement reconnu un service de ce genre.

de maintenir la fidélité des troupes que de nombreuses acclamations annoncèrent que les soldats de Napoléon débouchaient de toutes parts, et que lui-même marchait environné de tous les citoyens du populeux faubourg de la Guillotière. Le mouvement de Grenoble se renouvelait; mais le brave et généreux Macdonald, ne désespérant point encore de défendre la cause des Bourbons, marcha sur le pont à la tête de deux bataillons d'infanterie, dont son exemple et sa haute réputation militaire contenaient les dispositions. L'illustre maréchal avait déjà pu faire barricader cet étroit passage, et peut-être, sans se faire illusion sur les résultats de ces préparatifs, n'était-il dirigé que par l'espoir de rendre sans danger la retraite du prince. Mais à peine les soldats de Macdonald eurent-ils aperçu les pelisses rouges du 4me hussard, qui éclairait la marche de Napoléon, que renversant eux-mêmes ces frêles barrières, ils se mêlèrent spontanément, et aux cris de vive de Vive l'empereur! dans les rangs de leurs frères d'armes.

Peu d'instans après Napoléon lui-même traversa le pont à cheval, le maréchal s'approcha de lui et le salua. Ils causèrent ensemble à voix basse durant quelques minutes, et l'on vit aussitôt le fidèle général reprendre le chemin de Paris où le comte d'Artois le précédait. La garde nationale à cheval vint offrir ses services à l'empereur à peine arrivé à l'archevêché, mais il les refusa d'un ton bref et absolu.

— Nos institutions, leur dit-il, ne reconnaissent point de garde nationale à cheval. D'ailleurs vous avez oublié dans le comte d'Artois le respect qu'on doit à un prince malheureux; vous vous êtes si mal conduits avec lui que je ne veux point de vous.

L'empereur n'avait déjà plus besoin de ménager la fortune; il parlait en maître, il régnait.

Le lendemain, Napoléon ayant recueilli des détails circonstanciés sur le départ de Monsieur, approuva la conduite des braves dragons qui l'avaient accompagné, et faisant appeler le garde national qui s'était joint à eux:

— Monsieur, lui dit-il, je n'ai jamais laissé

une belle action sans récompense, vous êtes membre de la Légion-d'Honneur.

L'enthousiasme des Lyonnais ne saurait se décrire, mais il ne ressemblait pas à celui des Dauphinois. A Lyon l'empereur ne trouva plus, au milieu de la manifestation de l'ivresse publique, ces conseils fermes et sévères qu'il avait été obligé d'entendre dans les âpres montagnes qu'il venait de quitter. Sa conduite se modela sur sa fortune et sur l'esprit du peuple. Il revêtit aussitôt les formes solennelles du pouvoir, et ses rapports avec les autorités se ressentirent déjà de l'étiquette impériale. La proclamation que Napoléon adressa au peuple de Lyon dépose de la vérité de cette assertion (1), mais il est impossible de conce-

---

(1) On croit devoir insérer ici en entier cette pièce, qui forme un contraste si frappant avec celle qui termine le chapitre précédent.

Lyonnais ! au moment de quitter votre ville pour me rendre dans ma capitale, j'éprouve le besoin de vous faire connaître les sentimens que vous m'avez inspirés; vous avez toujours été au premier rang dans mes af-

voir, sans l'avoir vu, le fanatisme délirant qu'excitèrent dans cette ville ces simples paroles, jetées comme par hasard à la fin de cet acte important : *Lyonnais, je vous aime!*

fections. Sur le trône ou dans l'exil, vous m'avez toujours montré les mêmes sentimens ; le caractère élevé qui vous distingue vous a mérité toute mon estime. Dans des momens plus tranquilles je reviendrai pour m'occuper de vos manufactures et de votre ville.

Lyonnais, je vous aime !

CHAPITRE CINQUIÈME.

CHAPITRE V.

Le 20 mars.

Ce fut à Lyon que Napoléon prit officiellement en main les rennes de l'administration publique; ce fut dans cette ville qu'il monta sur le trône, et qu'il put penser que le peuple français, sanctionnant le titre qu'il avait repris, voyait encore en lui le sauveur de la patrie. Aucun nuage ne venait troubler l'aurore de sa destinée nouvelle. Tous ceux qui, après avoir d'abord montré quelque froideur pour sa cause, étaient cependant admis en sa présence, ne tardaient pas à subir l'irrésistible influence de son génie. C'était un homme qui savait trop bien le métier de roi, qui avait une trop longue habitude du pouvoir pour ne pas prendre aussitôt le langage de sa position. Il n'y a pas d'exemple que dès ce moment, où cependant d'autres esprits que le sien pouvaient encore douter de son succès, aucun fonctionnaire public ait différé d'obéir aux ordres émanés de son cabinet.

On aurait dit que, reprenant des droits incontestés, il venait encore délivrer la France de l'anarchie. Sa main puissante avait ressaisi le sceptre impérial, il reparaissait environné de tous les prestiges de sa gloire, et peut-être le prouvait-il d'une manière plus éclatante, quand il se faisait peuple un moment et qu'il appelait la liberté à s'asseoir auprès de son trône. Le revers de Russie, immense désastre qui occupera dans nos annales tant de pages douloureuses, les victoires sans lauriers de la campagne de France, tout était oublié. Napoléon revenait! et aux yeux d'une nation enthousiaste, fascinée par le charme inexplicable de son nom, il paraissait grand comme sa renommée, invincible comme dans ses beaux jours, puissant comme à Vienne, comme à Berlin, comme à Tilsitt.

Napoléon! homme prodigieux, quel était

donc le secret de ton pouvoir et de ta popularité ?.... Quand, dans la solitude de mes pensées, je me rappelle les miracles que ta seule présence enfanta, ma plume indépendante craint de profaner la religion de l'héroïsme, en signalant tes erreurs de souverain, tes fautes de prince, seul lien par lequel tu te rattachais à l'humanité. Il faut cependant que quelque chose t'ait failli; ce n'est ni le génie, ni la fortune, ni la foi des peuples. Qui donc était plus fort que toi? quelle arme a manqué à ton bras? je l'ignore. Après avoir long-temps médité sur l'histoire de ta vie, fabuleuse comme celle des demi-dieux de l'enfance du monde, on douterait encore de ta chute, si l'imagination étonnée ne trouvait pas, dans le concours inouï des circonstances qui l'ont amenée, l'action mystérieuse d'une puissance qui ne vient pas de la terre.....

On n'essaiera pas de peindre l'entraînement des Lyonnais; il fut tel qu'il influa peut-être sur les déterminations de Napoléon relativement au gouvernement qui convenait à la France. Le délire de cette grande population l'aveugla. Toutes les fois qu'il sortit ou pour passer des revues militaires ou pour visiter les monumens restaurés par ses ordres, il fut entouré par une multitude avide de ses traits et de ses paroles. C'était du fanatisme et de la folie. Les cris de liberté des braves paysans dauphinois ne retentissaient plus à ses oreilles; il n'avait plus besoin pour enflammer le peuple de dire comme à Grenoble : « Je veux être moins le souverain de la France que le premier et le meilleur de ses citoyens. » Il n'entendait plus que le nom de l'empereur recommandé par la foule à la protection du ciel! Il avait déjà des courtisans; et, comme on l'a dit, il régnait.

L'invasion de Napoléon, car sous les rapports constitutionnels on ne saurait donner un autre nom à son entreprise, prenait un caractère grave et diplomatique qui attira l'attention de l'Europe sur les moindres paroles qu'il prononça à cette époque. Tous ses discours étaient empreints d'une modération extrême. Il reconnaissait les funestes résultats qu'avait eus pour lui la manie des conquêtes; il abjurait le système militaire qui avait enfin soulevé l'Europe contre son élévation. Il ne parlait que d'institutions libres et de son espoir de les faire fleurir en France dans le sein de la paix. Il avoua toutes les fautes dans lesquelles l'amour de la gloire l'avait entraîné. Ce changement si extraordinaire dans les opinions de Napoléon se fit bientôt aussi remarquer dans sa conduite. Il ne décidait plus en maître absolu de la terre et des hommes ; il proposait et il supportait devant lui la discussion de ses plans. Mais cependant on ne pouvait plus douter, comme à Grenoble, qu'il ne fût résolu à reprendre l'empire tel qu'il l'avait laissé, sauf quelques formes libérales qu'il promettait d'ajouter à ce qu'il appelait les constitutions. Ce fut dans cet esprit qu'il dicta les fameux décrets de Lyon, dont quelques-uns portent l'empreinte du patriotisme et de la nationalité, et dont d'autres sont revêtus de toute la franchise du despotisme illégal qu'il avait exercé si long-temps.

Ces actes politiques ne peuvent qu'être indiqués ici ; ils ne furent point alors soumis à la discussion, et le peuple les regarda comme la preuve formelle de la loyauté de son empereur corrigé par l'adversité, et qui, dans son exil, était devenu citoyen. Mais tandis que Napoléon organisait ainsi son gouvernement dans la seconde ville de France, que nulle part il ne rencontrait d'obstacle ou d'opposition, la capitale trompée le croyait vaincu et errant dans les montagnes du Dauphiné à la tête de quelques malheureux, comme un chef de bandits calabrois. Peut-être la politique de Napoléon ne fut-elle pas entièrement étrangère aux bruits absurdes que le *Moniteur* recueillit alors dans ses colonnes officielles. Ils produisirent dans tous les cas un effet doublement favorable à sa cause, en montrant dans tout son jour l'aveugle entêtement des ministres du roi, et les ridicules fanfaronnades des courtisans.

Le 10 mars, un officier des gardes du corps se montra au balcon des Tuileries, et annonça au peuple, qui circulait avec inquiétude dans les jardins et les cours du palais, que Buonaparte, attaqué par le duc d'Orléans dans les plaines de Bourgoin, avait été entièrement défait. Le ministère croyait ou feignait de croire à cette nouvelle; il redoubla d'audace et de jactance, et sans doute plus d'un noble commensal du château regretta publiquement que Napoléon eût été si facile à vaincre. Plus que jamais les démonstrations d'un dévouement sans bornes, toutes les gasconnades aristocratiques vinrent augmenter la sécurité que le bulletin du 10 mars avait fait naître à la cour. Mais les chants de victoire ne tardèrent pas à cesser, et des courriers expédiés de Lyon par Monsieur démentirent le lendemain les triomphes annoncés par le télégraphe. Le soleil de la vérité fit pâlir ces lauriers imaginaires, et le courage éphémère de tant de héros en habit brodé, qui la veille encore ne parlaient fièrement que de batailles et d'embuscades, fit place à une circonspection beaucoup moins chevaleresque. Monsieur, trahi à Lyon par la fortune, et témoin de l'attachement du peuple et de l'armée pour l'heureux compétiteur des Bourbons, revint lui-même confirmer les désastreuses nouvelles que, dans un système inconcevable de mensonge et de déception, on n'avait porté à la connaissance du public qu'avec de nombreuses restrictions.

Dans ces circonstances difficiles, au milieu

de ces graves événemens, le courage du roi ne fut point abattu. Le langage de ses proclamations, empreint d'une douleur profonde, était surtout remarquable par sa franchise constitutionnelle. La nation était de nouveau comptée pour quelque chose, et l'on entendit même des courtisans faire l'éloge de l'armée et de ce qui avait été conservé de la vieille garde sous la restauration. L'histoire ne mettra point en doute la sincérité de l'auguste auteur de la charte; les nobles pensées qu'il exprima publiquement dans ces jours d'alarmes furent toujours dans son cœur; mais les Français durent penser que ces tardives protestations en faveur des libertés publiques avaient été trop long-temps comprimées par d'infidèles conseillers, et paralysées par une influence qui blessait l'orgueil du pays. Les Français n'octroyèrent donc point au prince, victime de l'imprudente faction qui souillait les marches du trône, cette force nationale sans laquelle la royauté n'est qu'un autel sans prêtres et sans Dieu.

L'armée garda un sombre silence; mais il n'en fut pas de même de ce qu'on appelle les autorités, qui ont toujours du dévouement et des sacrifices en réserve pour tous les pouvoirs. De toutes les parties de la France, des adresses qui respiraient la fidélité la plus pure et la plus inaltérable furent envoyées au pied du trône. Les événemens furent si rapides et les consciences des fonctionnaires eurent si peu de temps pour se consulter, qu'après le 20 mars, les adresses d'un grand nombre de tribunaux, de municipalités et de préfectures portant les mêmes signatures et destinées au roi et à l'empereur, parvinrent en même temps à Paris! Cela est triste et dégradant, et cependant le pouvoir s'y laisse toujours prendre; et publiant avec solennité ces serviles adulations, il a la faiblesse de s'en parer comme d'un témoignage de l'affection publique.

Il faut le dire, car les réflexions douloureuses que font naître ces tristes palinodies ne doivent point rester renfermées dans un cœur honnête. Une affreuse maladie, depuis un quart de siècle surtout, affecte profondément les mœurs de la France, dénature le caractère national et fait la honte de l'humanité. La monomanie des emplois et des titres, cette soif dévorante des distinctions sociales qui annonce la corruption d'un pays, ont fait en France d'immenses progrès. Outre que cet état de choses augmente d'une manière énorme les charges publiques, il prive l'industrie, l'agriculture et les arts d'une foule d'hommes, dont les talens avortés s'éteignent dans les habitudes fixes et serviles de la bureaucratie. En augmentant le nombre des employés on diminue d'autant celui des citoyens. L'homme salarié par le pouvoir, placé sans cesse entre la crainte de perdre son emploi et l'espérance d'en acquérir un plus productif, non-seulement se plie sans murmure à toutes les exigences du pouvoir, mais encore il les dépasse souvent dans son zèle, affriandé par l'avancement. On se fait un titre contre la nation de ces fonctions oppressives, et quand un homme a passé trente ans à dévorer, sans utilité, la substance de l'état, il faut que l'état songe encore à lui conserver toute sa vie les mêmes avantages et à payer son repos. C'est cette absurde et extravagante classification qui donne naissance à tant de burlesques ambitions. Il y a peu à espérer d'un peuple chez lequel le tiers au moins des citoyens valides est payé pour surveiller et opprimer les deux autres tiers.

L'ordre des faits exige qu'on rapporte ici un événement grave et affligeant qui a voilé d'un triste nuage une illustre renommée. Long-temps encore le nom du brave des braves sera prononcé avec un respect douloureux par tous ceux qui aiment la gloire, car en rappelant ses titres à la mémoire de la postérité, on gémira sur le funeste égarement qui lui fit oublier un moment la plus noble des vertus militaires, la foi du serment. Lorsque le roi de France éprouvait la douleur la plus vive qui puisse déchirer le cœur d'un souverain et d'un père, en recevant les nouvelles de tant de défections imprévues, car il ne connaissait pas toute l'impopularité de ses conseillers, un capitaine célèbre dans les fastes immortels de la grande armée, l'homme réputé le plus loyal et le plus brave parmi tant de héros, Ney se présenta devant lui et fit rentrer l'espoir dans son âme en lui promettant son épée. Sans doute, quand il prononça le serment solennel d'arrêter les progrès de Napoléon, qu'il engageait ainsi son honneur entre les mains d'un souverain plein de confiance dans sa bravoure et sa fidélité, il était loin de nourrir dans son âme la résolution de le trahir et de démentir tout à coup une aussi belle vie. Mais ces hommes du champ de bataille, ces guerriers intrépides qui ont joué avec la mort, et dont aucun désastre n'a pu altérer l'impassible fermeté, n'ont pas toujours cette force d'âme qu'apporte le citoyen dans les crises politiques et qui est préférable au courage militaire. L'infortuné maréchal ne tarda pas à juger par l'esprit des soldats qu'il avait promis de conduire contre Napoléon, que l'exécution de ce projet était impossible. Pour la première fois il trouva dans leurs rangs une opposition violente et passionnée, contre laquelle dut se briser l'influence de son nom et de son autorité.

Napoléon s'avançait toujours, et sa marche, comme il l'avait annoncé lui-même, ressemblait au vol de l'aigle. Les soldats du maréchal frémissaient d'impatience en apprenant les progrès étonnans qu'il faisait en France; ils brûlaient de se réunir à leurs frères d'armes, qui, au milieu des transports de la joie populaire, devançaient les pas du grand capitaine. Bientôt des actes d'insubordination réitérée firent pressentir la dissolution de l'armée de l'Est, si l'on tardait quelques jours encore à lui rendre ses aigles et ses drapeaux tricolores. Le maréchal Ney, ébranlé dans ses résolutions par ces manifestations unanimes des troupes qu'il commandait, sentit renaître en lui l'enthousiasme que le nom de Napoléon faisait éclater dans son camp. Il avait été si long-temps le compagnon de ce grand homme! il pouvait justement revendiquer quelques rayons de cette auréole de gloire qui l'environnait. Élevé, pour ainsi dire, sous sa tente, ne devait-il pas à son exemple ces inspirations imprévues et dédaigneuses des dangers qui lui avaient mérité sa réputation militaire? Ce titre de brave des braves, confirmé par les soldats français, dignes et héroïques témoins de sa valeur, ne le devait-il pas à Napoléon? Ce titre qui valait mieux qu'une couronne, n'était-il pas un souvenir de fraternité d'armes que rien ne pouvait balancer dans le cœur d'un guerrier tel que lui? Le blason féodal que l'empereur avait ajouté à son illustre nom, n'était-il pas encore une pensée généreuse, puisqu'il devait rappeler à la postérité une grande victoire due à sa vaillance ? Et il tirerait l'épée contre lui !... contre celui qui fut son prince et son bienfaiteur, contre le chef glorieux de qui il avait appris l'art de vaincre !... Ney devait beaucoup sans doute à son brillant courage ; mais combien d'hommes aussi courageux que lui dans l'armée n'avaient pas été appelés à sa haute fortune ? elle était tout entière l'ouvrage de Napoléon. Et d'ailleurs le maréchal n'avait-il pas trop présumé de ses forces, en croyant qu'il pourrait braver l'influence irrésistible des anciennes habitudes et de cette obéissance aveugle à laquelle l'empereur avait soumis ses lieutenans ! Mais dans la position particulière où ce malheureux guerrier s'était imprudemment placé lui-même, peut-être n'avait-il pas le droit d'hésiter entre ses anciens et ses nouveaux sermens. Il n'était pas en son pouvoir d'empêcher la défection de l'armée placée sous ses ordres ; mais il ne devait ni l'imiter, ni prendre sur lui l'initiative de son mouvement... L'histoire, en recueillant la funeste proclamation du maréchal Ney, tiendra compte à cet illustre coupable de tant de jours consacrés à la patrie et immortalisés par la victoire, pour en atténuer le caractère déloyal. Mais surtout, dans sa justice impartiale, elle regardera la mort cruelle de Ney comme une grande expiation qui réhabilite sa mémoire; car cette mort fut aussi un odieux attentat à la foi des traités... (1).

(1) Si notre profond respect pour l'infortune d'un homme célèbre n'a pu aller jusqu'à passer sous silence ce douloureux épisode de sa vie, nous devons rapporter ici, pour justifier ce qu'il y a de sévère dans notre jugement, le fatal document qui a peut-être décidé de son sort. Si après l'avoir lu on accusait encore les Bourbons d'avoir trop oublié les antécédens du brave maréchal Ney, qu'on se rappelle que Henri IV ne pardonna point à Biron, son compagnon d'armes et son ami.

ORDRE DU JOUR.

Le maréchal prince de la Moskowa aux troupes de son gouvernement.

Officiers, sous-officiers et soldats!

La cause des Bourbons est à jamais perdue! La dynastie légitime que la nation française a adoptée va remonter sur le trône : c'est à l'empereur Napoléon, notre souverain, qu'il appartient seul de régner sur notre beau pays. Que la noblesse des Bourbons prenne

Ainsi tout abandonnait les Bourbons, tout s'éloignait d'eux dans cette même France où,

le parti de s'expatrier encore, ou qu'elle consente à vivre au milieu de nous, que nous importe ! La cause sacrée de la liberté et de notre indépendance ne souffrira plus de leur funeste influence. Ils ont voulu avilir notre gloire militaire ; mais ils se sont trompés : cette gloire est le fruit de trop nobles travaux pour que nous puissions jamais en perdre le souvenir. Soldats ! les temps ne sont plus où l'on gouvernait les peuples en étouffant leurs droits. La liberté triomphe enfin, et Napoléon, notre auguste empereur, va l'affermir à jamais. Que désormais cette cause si belle soit la nôtre et celle de tous les Français ; que tous les braves que j'ai l'honneur de commander se pénètrent de cette grande vérité.

Soldats ! je vous ai souvent menés à la victoire, maintenant je vais vous conduire à cette phalange immortelle que l'empereur Napoléon conduit à Paris, et qui y sera sous peu de jours, et là, notre espérance et notre bonheur seront à jamais réalisés. Vive l'empereur ?

Lons-le-Saulnier, le 10 mars 1815.

Le maréchal d'empire,

Prince de la Moskowa.

moins d'une année auparavant, tant d'acclamations vives et sincères avaient salué leur retour. Ils ne pouvaient compter sur personne sans éprouver bientôt la plus amère déception. Les anciens fonctionnaires de l'empire, devenus suspects à la cour depuis le jour où Napoléon avait reparu, profitaient de la froideur qu'on leur montrait pour se ménager l'apparence d'une disgrâce aux yeux du maître qu'ils allaient revoir. Les émigrés, ces chevaliers errans de la restauration, avaient déjà beaucoup perdu de leur audace : ce n'était plus leur épée qu'ils parlaient d'opposer à Napoléon ; ils en appelaient aux baïonnettes étrangères, et se préparaient à recommencer les folies de Coblentz. Croira-t-on un jour que, dans une pareille situation des choses, le ministère de l'abbé Montesquiou continua son système de mensonge ; et que, quand l'avant-garde impériale s'embarquait sur l'Yonne, il osa soutenir que Napoléon ne faisait aucun progrès, et que les populations, momentanément surprises par cet audacieux brigand, étaient animées du meilleur esprit et se déclaraient hautement pour le roi? On reconnaît ici avec autant de douleur que d'indignation les incorrigibles habitudes de cette faction tenace et anti-nationale qui pèse encore sur la France, et pour qui la grande leçon du 20 mars a été perdue.

Le peuple de Paris, sans prendre une attitude décisive en faveur de Napoléon, ne se disposait point non plus à seconder le roi dans les nouveaux plans de défense qu'il avait jugé à propos d'ordonner. Mais c'est à Paris que se trouvent ordinairement concentrés tous les intérêts dépendans du pouvoir; il n'est donc pas surprenant que l'esprit royaliste y fût plus apparent. Pour quiconque n'aurait observé les choses qu'à la surface et l'esprit public dans ce qu'il a d'officiel, il n'eût pas été douteux que la capitale de la France demeurait fidèle à la restauration, et s'opposait au vœu général qui suivait le drapeau tricolore et l'attendait sur les tours de Notre-Dame. Ce sentiment aurait paru d'autant plus rationnel dans les Parisiens, que, à part les ridicules fanfaronnades des émigrés et une ordonnance violatrice de la liberté des cultes, leur ville n'avait pas vu se renouveler d'une manière positive les prétentions de l'ancien régime, qui avaient exaspéré les populations des villes de province et surtout des campagnes. Il y a toujours un peu plus de liberté dans une grande cité, quelle que soit la direction que prenne le pouvoir.

Mais ceux qui ne participaient pas des avantages de la restauration, dont le dévouement n'était acheté ni par des places ni par des pensions, le peuple en un mot, qui paie toujours, et ne reçoit en retour que mépris et dédain, le peuple portait encore le deuil de notre gloire; il avait profondément ressenti les injures de la patrie, et ce qu'il avait vu de la restauration n'avait pas dû le consoler. En jetant les yeux sur les monumens triomphaux que Napoléon avait créés au sein de leur cité, les Parisiens avaient souvent gémi de voir préférer aux braves qui en avaient payé le bronze du prix de leur sang, des hommes qui affectaient la hauteur la plus injurieuse à la nation, qui se faisaient gloire de leur haine pour tout ce qui était l'objet des respects et de l'amour de la France. D'ailleurs le langage de la restauration faisait reculer la France trop loin; il était un anachronisme trop remarquable pour que le bon sens populaire ne s'en indignât pas, et ne prévit pas la destruction prochaine de tout ce que la révolution avait produit de favorable pour les masses, maintenant dédaignées par des courtisans étrangers aux destinées nouvelles que le pays s'était faites.

Le roi avait ordonné la réunion d'une nouvelle armée, qui, placée sous les ordres du duc de Berri, devait couvrir Paris et tenter ainsi un dernier effort en faveur de la restauration menacée. Quelques jeunes gens des écoles appartenant pour la plupart à l'aristocratie, formèrent avec ce qui restait de Coblentz, de la Vendée, et de la chouanerie, un corps d'armée, et prirent le titre de volontaires royalistes. Si le courage de ces nouveaux soldats eût égalé leur effervescence et répondu à leurs cris et à leurs trépignemens, une affaire sérieuse aurait pu avoir lieu sous les murs de Paris, et montré du moins, si le succès n'avait pas couronné de généreux efforts, qu'il existait en France une vigoureuse opposition au retour de Napoléon sur le trône impérial. Mais on ne crut pas devoir compter entièrement sur ces fougueux et zélés serviteurs, et il paraît certain que la proposition d'assassiner

Napoléon fut faite publiquement par des agens du gouvernement, sans qu'on puisse affirmer s'ils étaient autorisés à préconiser cet odieux attentat comme une action digne des plus brillantes récompenses. Il eût été malheureux que la restauration, qui ne trouvait pas un soldat disposé à mourir pour sa cause, n'eût pas manqué d'assassins pour la servir. Ce criminel exemple, emprunté aux traditions de la ligue, ne devait pas ensanglanter l'étonnante révolution qui s'opérait en France.

Ce fut dans ces circonstances, et quand la défection du maréchal Ney ne laissait plus à la restauration aucun espoir raisonnable d'éloigner l'orage qui grondait sur elle, que le roi, accompagné de plusieurs princes de sa famille, se rendit dans le sein de la chambre des communes. Un roi constitutionnel qui venait protester de son amour pour les lois et les institutions libres, au milieu des députés du peuple; les petits-fils de Henri IV, invoquant la loyauté héréditaire de leur race, et faisant un appel à l'amour des Français dans des jours de malheur, ne pouvaient manquer de produire un grand effet sur l'esprit public. Cette séance solennelle fut belle, et la France ne doit point en oublier le souvenir; car elle contenait un germe de l'avenir par le rôle important qu'y joua l'héritier du trône.

La foule, qui, suivant l'usage, s'était portée sur le passage du roi et de sa famille, était triste, silencieuse et indécise. De temps en temps seulement on voyait s'avancer auprès du cortége royal quelques nobles serviteurs des Bourbons qui, protestant, les larmes aux yeux, de leur attachement et de leur amour, justifiaient par leur désespoir l'idée que le peuple s'était faite du succès de Napoléon, et augmentaient la certitude qu'il avait de son prochain retour.

La présence des Bourbons dans l'enceinte de la chambre des députés excita parmi eux un enthousiasme véritable et touchant qui fut partagé par les personnes admises à la séance. C'était en effet un spectacle digne d'intérêt que celui qu'offrait en ce moment ce roi de soixante ans dont tant d'infortunes avaient troublé la vie. L'allocution que d'une voix émue il adressa aux députés était un modèle de dignité et de douleur éloquente. La tristesse empreinte dans les traits de cet auguste et vénérable personnage, le ton d'affection paternelle avec lequel il parlait à son peuple dans la personne des députés, arrachèrent des larmes à tous ceux qui assistaient à cette scène politique si grave et si imposante. Quand le roi eut pour ainsi dire épanché ses pensées, et fait connaître ses vœux ardens et sincères pour le bonheur de la France, il jura de nouveau le maintien de la Charte constitutionnelle dont sa sagesse avait doté la patrie. Des cris de Vive le roi! couvrirent les derniers mots de ce serment.

M. le comte d'Artois, qui jusqu'alors n'avait point eu l'occasion de manifester son adhésion à la loi fondamentale, voulut que, dans cette journée mémorable, il ne restât plus aucun prétexte à la calomnie dont sa réserve avait pu exciter les injurieuses suppositions.

— « Nous jurons sur l'honneur, s'écria-t-il, moi et ma famille, de vivre et mourir fidèles à notre roi et à la Charte constitutionnelle qui assure le bonheur des Français. »

La France aurait peut-être franchement renoncé à tous les avantages de sa gloire nationale pour jouir en paix, et après tant d'orages, des avantages plus solides de la liberté constitutionnelle ; mais telle avait été durant dix mois l'incapacité, la mauvaise foi et l'impopularité du ministère, que cette démarche royale, qui six mois auparavant aurait sauvé la restauration, fut alors mal appréciée par le peuple. Il aurait fallu qu'il fût doué d'une confiance et d'une mansuétude sans bornes, pour adopter sans examen des protestations tardives, malheureusement trop de fois démenties par la marche du gouvernement.

Napoléon avait quitté Lyon en triomphateur, et l'on ne pouvait plus douter que le destin ne se prononçât en sa faveur. Depuis le 10 mars jusqu'au 19, son voyage en France fut une longue suite de réceptions solennelles, dont l'enthousiasme des peuples ne faisait plus seul tous les frais. Les autorités des villes accouraient au devant de lui, et donnaient par leur adhésion une sorte de sanction officielle à cette inconcevable révolution. Retracer jour par jour les incidens de ce merveillleux voyage, peindre l'ivresse populaire et la joie des soldats, en revoyant Napoléon qui déjà disposait de l'avenir, et semait partout sur son passage de brillantes et prophétiques promesses, ce serait vouloir compléter un tableau qui appelle de plus riches couleurs et un pinceau plus habile. Il fallait que le besoin d'un changement se fît bien vivement sentir, que l'expression du vœu national fût bien unanime, pour que, du milieu de cette foule qui entourait Napoléon et portait son nom jusqu'aux cieux, personne, pas un seul homme ne se soit levé pour protester contre son retour. Le spectacle extraordinaire qui, à Lyon, s'était offert à ses yeux, se renouvela sans cesse. Les mêmes incidens se reproduisirent sous mille formes différentes. Les paysans venaient en masse lui offrir le secours de leurs bras, en lui montrant sur le clocher de leur village le drapeau tricolore arboré depuis plusieurs jours. Les riches propriétaires et les manufacturiers, en lui demandant la paix et la liberté, mettaient à sa disposition les capitaux qui n'étaient pas employés par leur industrie. Les pères de famille lui montraient leurs enfans comme des soutiens dévoués de sa cause et de celle de la patrie. A Avallon, des dames pénétrèrent dans le salon qui précédait la pièce où il goûtait quelques heures de repos. Les officiers de sa maison, ses secrétaires s'étaient jetés tout habillés sur des matelas, et paraissaient embarrassés de la présence de ces femmes patriotes.

— Ne vous gênez pas, Messieurs, leur dirent-elles ; vous avez besoin de sommeil après tant de fatigues : nous veillerons pour vous à la porte de l'empereur.

Voici deux écrits de Napoléon qui peignent son caractère et cette époque. L'armée était exaspérée par les bruits sinistres répandus de tous côtés et accueillis par les journaux de la capitale ; on disait que les généraux et les soldats, qui s'étaient joints à Napoléon, avaient été mis hors la loi ; on faisait grand bruit surtout de Vendéens et de gardes-du-corps qui, sous divers déguisemens, devaient pénétrer jusqu'auprès de l'empereur et l'assassiner. Napoléon méprisait ces menaces ; il savait qu'une cause est perdue quand elle croit pouvoir se servir de ces odieux moyens ; et il ne doutait pas que ces mesures, résolues par quelques forcenés sans l'assentiment des Bourbons, ne fussent efficacement paralysées, par la confiance qu'il montrait même jusqu'à l'imprudence, et par le caractère énergique des soldats, dont il crut devoir cependant calmer l'effervescence et l'irritation. Ils voulaient faire main basse sur les royalistes, et annonçaient ouvertement que pas un de ceux qui osaient les menacer n'échapperait à de justes représailles.

Ce fut alors que Napoléon écrivit au général Cambrone : « Général Cambrone, je vous » confie ma plus belle campagne ; tous les » Français m'attendent avec impatience ; vous » ne trouverez partout que des amis : ne tirez » point un seul coup de fusil, je ne veux pas » que ma couronne coûte une goutte de sang » aux Français. »

Le général Girard, généreux patriote qui tomba sur le champ de bataille de Ligny quelques mois après, et qui venait d'être investi du commandement de l'avant-garde, reçut la lettre suivante : — « Général Girard, on m'as-

» sure que vos troupes, connaissant les décrets
» de Paris, ont résolu, par représailles, de
» faire main basse sur les royalistes qu'elles
» rencontreront : vous ne rencontrerez que
» des Français ; je vous défends de tirer un
» coup de fusil : calmez vos soldats, démen-
» tez les bruits qui les exaspèrent, dites-leur
» que je ne voudrais point rentrer dans ma
» capitale à leur tête, si leurs armes étaient
» teintes de sang français. »

On aurait dit que Napoléon prenait à tâche, par de grandes paroles et de généreuses résolutions, de faire rougir la fortune des revers qui l'avaient momentanément exilé du trône. Jamais peut-être, et sans excepter les journées qui ont immortalisé son nom, il ne parut plus digne du rang suprême et du titre de grand, que durant ces vingt jours, qui s'écoulèrent entre son débarquement à Fréjus et son entrée à Paris. Il faut avoir été alors attaché à ses pas, avoir joui de ses émotions, de son regard calme et bienveillant, du délire et du fanatisme qu'il inspirait, pour juger de toute la puissance qu'il y avait dans cet homme, pour admirer ce mélange inouï de force et de sensibilité, de douceur et d'énergie, d'ambition et de mépris pour le pouvoir, de sympathie pour le peuple et de penchant au despotisme qui caractérisait cette âme privilégiée. On n'a pas manqué de dire que la conduite populaire de Napoléon à cette époque était la conséquence d'un nouveau système politique et l'œuvre d'une dissimulation profonde. Cela n'est pas vrai ; je ne pense pas que les combinaisons les plus audacieuses de son génie, même celles qui excitent aujourd'hui tant d'admiration, aient été de sa part le sujet de longues méditations ; son coup d'œil embrassait tout, et sa vaste imagination, qui enfantait des prodiges, ne pouvait se plier à la prudence des calculs. Mais enfin, s'il n'était pas assez au dessus de l'humanité pour échapper à ses faiblesses, il était trop grand pour descendre jusqu'à la duplicité. Sa haute fortune, ses malheurs plus étonnans encore, sont là pour éclairer l'histoire et déposer du peu de soin qu'il a mis toute sa vie à se précautionner contre des chances défavorables. Il n'y a jamais rien eu dans ses prévisions qui lui fût personnel.

L'armée impériale s'embarqua à Auxerre,

sous les yeux de Napoléon, le 18 mars; elle devait être rendue à Fontainebleau le 19 au soir. Il partit lui-même aussitôt, et quoiqu'il ait voyagé toute la nuit et durant toute la journée du lendemain, ses braves troupes l'avaient devancé. Plusieurs détachemens avaient été envoyés en tirailleurs pour reconnaître la forêt et les hauteurs d'Essonne; mais l'armée royale avait disparu, et les troupes de ligne qui en faisaient partie se mêlèrent à leurs frères d'armes aux cris de Vive l'empereur !...

Le ministère odieux qui avait trompé si indignement la population de Paris en lui cachant les véritables progrès de Napoléon, ce ministère qui s'était fait une arme du mensonge et de la déception, avait aussi abusé d'une auguste confiance. Au mépris des dangers que les Bourbons pouvaient courir dans des circonstances aussi funestes, il ne fit connaître au roi la vérité que lorsque Napoléon était rentré en maître dans ce palais de Fontainebleau, témoin de sa chute et de son départ pour l'exil. Rien n'était préparé pour assurer la retraite du monarque et de sa famille désolée. C'était vainement que depuis huit jours le télégraphe d'heure en heure annonçait une défection nouvelle; l'aveuglement de ces hommes imprévoyans qui croient que toutes les forces de la société résident dans le pouvoir ne se démentait pas. Après avoir perdu le gouvernement royal, il ne leur restait plus qu'à compromettre la sûreté même des augustes personnages, que d'anciennes affections et des habitudes profondément enracinées leur avaient rendu si faciles et si confians. Napoléon avait parlé: il s'était exprimé à cet égard de manière à faire peser une responsabilité terrible sur la tête de quiconque, citoyen, général ou soldat, aurait osé attenter à la liberté de la famille royale. Maintenant que l'orage est passé, ce souvenir amènera peut-être sur quelques lèvres aristocratiques le sourire du dédain, mais ce trait n'honore pas moins le caractère de Napoléon.

La vérité est connue; il n'y a plus de détours, plus de mensonges possibles; Louis XVIII et sa famille, à peine consolés des longues anxiétés de l'exil, vont de nouveau abandonner le trône et le sol de la patrie. Dans la nuit du 19 mars plusieurs voitures, chargées à la hâte de divers effets, annoncèrent ce triste et douloureux voyage. Une foule de gardes nationaux et de fonctionnaires honorables remplissaient le principal escalier et les cours des Tuileries, antique demeure des rois, à laquelle une royale famille allait dire encore un solennel adieu.

Une voiture attelée de huit chevaux s'approche lentement du principal guichet; au bruit que ce mouvement occasione sur les larges dalles de la cour se mêle un frémissement général de douleur et de crainte. Les flambeaux que portent des valets de pied réflètent leur vive lumière sur les murailles antiques du palais et font ressortir la sombre pâleur de ces milliers de visages groupés dans cette enceinte, et qui paraissent accablés d'une profonde tristesse. Tout à coup Louis XVIII se montre appuyé sur de fidèles amis, et il descend lentement les marches de l'escalier. Peuple qui l'entourez en ce fatal moment, inclinez-vous avec respect devant ce front auguste dont une grave douleur n'altère point la majesté. C'est depuis bien des années que l'heure de l'infortune a sonné pour le premier des Bourbons. Ce n'est pas un prince guerrier, trahi par la victoire et qui jette en frémissant de colère son inutile épée; c'est un roi législateur, qui a rêvé le bonheur et la liberté du peuple, et que d'indignes conseillers ont trompé. En dénaturant ses nobles pensées, en s'efforçant de détruire son ouvrage, ils lui ont fait perdre un moment l'amour de ses sujets, et maintenant, privé de cet appui, le plus ferme gardien du pouvoir des rois, il est obligé dans un âge déjà avancé, dont la pesanteur est encore augmentée par de cruelles infirmités, de recommencer ses premières infortunes ! L'amertume de ces pensées n'éclate point cependant dans les adieux qu'il adresse à cette faible portion du peuple qui donne des pleurs à sa destinée. Il y a dans ses regrets toute la dignité du monarque et l'attendrissement d'un père qui se sépare d'une famille chérie.

Au moment où il allait monter en voiture, le roi fut entouré par un grand nombre de personnes de tout sexe et de tout rang qui, levant vers le ciel des yeux pleins de larmes, semblaient mettre leur souverain sous sa protection. Quelques citoyens, consultant leurs propres sentimens beaucoup plus que la raison et la politique, supplièrent encore Louis XVIII de rester parmi eux.

— Sire, lui disaient-ils, demeurez au milieu de votre peuple.... Nous mourrons tous pour vous défendre.

Ces offres généreuses touchèrent sans doute vivement le cœur du roi et mêlèrent quelque douceur à ce que son départ de la capitale et des Tuileries, au milieu de la nuit, avait de triste et de déchirant. Il répondit avec sensibilité aux personnes qui se pressaient autour de lui, et ce fut alors qu'il leur donna l'assurance prophétique qu'il ne tarderait pas à remonter sur son trône. Il partit!... Si ce prince qui avait conquis l'estime des Français n'avait point été affligé d'une maladie grave qui lui ôtait presque toute la liberté des mouvemens, s'il avait pu se mêler plus souvent au peuple, parler aux soldats, il n'y a pas à douter un seul instant que le 20 mars n'aurait pas eu lieu. Louis XVIII avait l'énergie nécessaire dans un roi; sa haute capacité, ses talens, qui alors auraient été des gages de plus pour les libertés publiques, ne servirent qu'à le faire briller dans cette sorte de vie privée sur le trône, à laquelle le condamnait le pénible état de sa santé.

Le lendemain une scène d'un caractère non moins remarquable offrait sous ce même guichet des Tuileries un de ces contrastes prodigieux que les révolutions politiques peuvent seules enfanter. Napoléon, informé que les Bourbons avaient abandonné Paris, quitta aussitôt Fontainebleau, et se porta rapidement sur la capitale. Ses braves grenadiers, quoique accablés par la fatigue de l'étonnant voyage qu'ils venaient d'accomplir, brûlaient du désir de former son escorte. Ils regardaient cet honneur comme une digne récompense de leurs travaux et de leur fidélité; Napoléon n'y consentit point. Rien ne pouvant désormais s'opposer à lui, il voulait, comme du temps de l'empire, franchir en quelques heures l'espace qui sépare Fontainebleau de Paris; mais arrêté presque à chaque pas par la foule qui accourait au devant de lui, obligé d'entendre les félicitations des autorités et des citoyens, il fut forcé de ralentir sa marche. Il était presque seul, et son escorte se bornait à quelques officiers-généraux et à quelques cavaliers, qui voltigeaient autour de sa calèche.

Il était neuf heures du soir quand Napoléon entra dans Paris. Le trouble et l'hésitation inséparable d'une crise politique aussi importante se faisaient encore sentir dans cette grande cité. Les cris de Vive l'empereur! retentirent sur son passage; mais les Parisiens semblaient proférer ces acclamations plutôt par habitude que par affection, et il ne trouva plus en eux cet enthousiasme délirant que sa présence avait fait éclater dans tous les départemens qu'il avait traversés. D'ailleurs son entrée dans Paris n'eut point la pompe et la solennité dont le peuple de cette ville se montra toujours avide. Néanmoins une foule immense remplissait la cour des Tuileries, et quand Napoléon descendit de voiture, il se jeta pour ainsi dire dans les bras du peuple, et il fut porté dans les appartemens du palais, au milieu des cris de joie de la multitude.

Ce fut ainsi que s'opéra en moins de vingt

jours une des révolutions les plus étonnantes dont l'histoire puisse faire mention. Napoléon, à la tête d'une poignée de braves, qui s'augmentèrent successivement de toutes les troupes envoyées contre lui, avait traversé une immense étendue de pays. Les portes des villes s'étaient ouvertes devant lui, les autorités étaient venues sanctionner son entreprise en le complimentant comme si le trône n'avait pas été occupé; et le peuple, se levant en masse à son approche, n'avait repris un moment sa souveraineté qu'afin d'en revêtir l'empereur.... Pour que ce grand changement s'accomplît sans collision sanglante et presque sans trouble, il fallait bien qu'une énergique unanimité de sentimens régnât dans la nation. On ira plus loin sans crainte d'être démenti: la révolution de 1815 fut si peu le résultat d'un vaste complot, qu'elle eût éclaté nécessairement même sans la présence de Napoléon. L'exaspération de l'esprit public et l'indignation générale étaient au comble dans la plus grande partie des départemens. Le Dauphiné, le Lyonnais, la Bourgogne, l'Alsace et la Lorraine, les villes de Bretagne et la Normandie, du nord au sud, de l'est à l'ouest de la France, tout était prêt pour une insurrection nationale. Le retour de Napoléon décida ce mouvement en lui donnant un point d'appui, mais il ne le créa pas. Sans doute alors la lutte aurait pu être sanglante ; le résultat n'était pas douteux. Si dans l'ordre administratif force doit rester à la loi, dans l'ordre politique force reste au peuple. Le temps n'est plus où la commune de Paris dirigeait l'esprit public de toute la France; la civilisation plus large, les lumières plus répandues, et d'ailleurs les exigences des intérêts matériels, ont enfin émancipé le pays. Paris n'est plus que la capitale nominative de ce grand et bel empire, où le patriotisme et le courage honorent toutes les localités.

Deux vérités politiques d'une haute importance ressortent de ce mémorable événement. Les Bourbons ne durent point leurs malheurs à une haine qui leur fut personnelle; on les plaignait en se séparant d'eux, en les abandonnant. La violation de la loi constitutionnelle, les craintes les plus graves et les plus justifiées par la jactance des émigrés, l'intolérance et les prétentions du clergé, la déloyauté et les coupables manœuvres du ministère, produisirent seuls cette désaffection fatale qui priva alors la restauration de l'appui national. En second lieu, Napoléon ne réussit point par la raison qu'il était le souverain du choix du peuple; il ne réussit point par la raison qu'il avait régné sur la France et que son gouvernement convenait mieux au pays que celui des Bourbons; il fut accueilli comme l'ouvrage et le représentant de la révolution, dont lui seul, dans l'opinion nationale, pouvait renouveler et consolider les principes. Napoléon fut reçu comme une idée libérale; enivré de l'amour populaire et entraîné par les anciennes habitudes de son despotisme, il ne tarda pas à démentir les prémices de son retour, et son acte additionnel fut un acte de divorce avec le peuple français.

CHAPITRE SIXIÈME,

CHAPITRE VI.

Le Champ-de-Mai.

Il règne. Il est rentré aux acclamations de tout un peuple dans ce palais qui vit grandir sa puissance consulaire, et d'où si long-temps il avait dicté des lois à l'Europe. Le marbre et le bronze de ce séjour n'ont point été dépouillés des symboles de la majesté impériale; on n'a pas eu le temps d'y porter un ciseau vandale. Les frises ioniques, les frontons, les voûtes des Tuileries, chefs-d'œuvre des beaux-arts, sont encore parsemés d'aigles et des initiales couronnées de Napoléon-le-Grand. Quelle profonde émotion a dû l'agiter en présence de ces souvenirs d'un pouvoir qui paraissait si fort et si difficile à ébranler! Le premier mouvement de son cœur fut un sentiment de reconnaissance pour le peuple, à qui il devait cet étonnant retour de la fortune; c'est à lui et aux soldats que, dans les épanchemens de sa joie, il déclarait faire hommage de sa couronne et de son succès. Sans doute, en quittant l'île d'Elbe et en abordant sur le sol de la France, il avait l'espoir que sa présence allait rallier les partis, et que la restauration ne serait pas assez forte pour lui résister, mais il y avait loin de ces douteuess prévisions aux prodigieux résultats qu'il avait obtenus.

Le repos était mortel à Napoléon; il le savait, et l'infatigable énergie de son organisation semblait d'accord avec la raison politique pour l'arracher à des loisirs dont la nature a fait pour l'homme un besoin et une jouissance. Mais ce n'était pas sous ce rapport qu'il y avait en lui quelque chose de l'humanité. Le sommeil obéissait à ses désirs, il ne succombait jamais à sa pesante influence. Son imagination libre et féconde ne connaissait point le joug des habitudes; à toute heure et en tout temps elle répondait à l'activité de ses vœux. Il vivait d'agitation et de travail, et comme ces rescifs où soulevées par une cause inconnue les eaux de la mer mugissent et bouillonnent sans cesse, cet esprit mobile et impatient, avide de gloire, de pouvoir et de renommée, ne se reposait jamais.

La foule, ivre d'espérance et de bonheur, inondait encore les portiques du palais et circulait toujours dans les appartemens dorés, que Napoléon, maître déjà de lui-même et imposant silence aux sensations tumultueuses qui avaient dû l'assaillir dans cette soirée, l'une des plus remarquables de sa merveilleuse histoire, s'abandonnait aux soins multipliés du gouvernement. Durant la nuit du 20 mars il pourvut aux besoins de toutes les parties de l'administration, nomma des ministres qu'il croyait chers à l'opinion populaire, expédia des courriers, lassa plusieurs secrétaires, et traita une foule de sujets différens avec la prévoyance et le sang-froid d'un souverain habitué à tout voir par lui-même et qui n'aurait jamais quitté sa capitale. Et cependant, il y avait à peine vingt jours que relégué dans une petite île de la Méditerranée, celui qui disposait ainsi de la fortune et de l'avenir de la France, n'avait pour garde qu'une poignée d'hommes et semblait ne devoir plus vivre que dans l'histoire.

La nouvelle du débarquement de Napoléon retentit à Vienne comme un coup de foudre ; elle surprit les souverains au milieu des fêtes et resserra les nœuds d'une alliance que tant d'intérêts opposés concouraient à affaiblir. Les diplomates qui seuls peut-être possédaient la clef de cet événement imprévu, furent les premiers à exalter la gravité des conséquences que cette révolution pouvait avoir pour le repos de l'Europe. Tout s'émut à l'instant, toute cette cohue de rois et de grands seigneurs cacha la terreur qui la frappa sous les dehors de l'indignation et de la colère. Les bataillons nombreux qui n'avaient pas encore repassé le Danube et le Dniéper reçurent l'ordre de s'arrêter et de faire volte-face, et le glaive à peine remis dans le fourreau brilla de nouveau dans les mains mercenaires armées contre la France.

Dans le premier moment d'effroi les membres du congrès de Vienne parurent unis par les mêmes sentimens. On criait à la violation des traités, à l'incorrigible ambition d'un homme qui après avoir régné sur la France n'avait pu se contenter de la souveraineté de l'île d'Elbe!... Les ministres et les courtisans, qui s'étaient fait une conscience pour cet événement, accusaient Napoléon de mauvaise foi et de duplicité. Ils l'accusaient de venir troubler le repos dont la France jouissait, et ils se flattaient hautement que la nation ne se courberait pas volontairement sous son joug d'airain. Mais dans cette phraséologie de cour on ne disait pas que le traité de Fontainebleau avait été indignement foulé aux pieds par toutes les parties contractantes; on ne disait pas que Napoléon seul avait tenu sa parole, et qu'au moment de son départ pour la France il en était réduit aux plus dures extrémités. En prévoyant la détermination du peuple français, on ne lui faisait pas l'honneur de consulter sa véritable situation, et tous ces rois qui avaient menti à leurs sujets en leur promettant la liberté, ne pouvaient croire que la violation des promesses royales fût un motif suffisant pour une nation d'abandonner à lui-même un pouvoir qui menaçait son avenir.

Le congrès de Vienne s'immisçant dans les affaires intérieures de la France publia une déclaration de principes qui mettait Napoléon au ban de l'Europe, et *le plaçait en dehors des relations civiles et sociales comme ennemi et perturbateur de la tranquillité du monde.* Cette accusation, tout injuste et toute fausse qu'elle fût, était du moins conçue dans des termes qui prouvaient quelle profonde terreur le nom seul de Napoléon avait excitée dans cette assemblée. C'est le monde entier qu'elle plaçait dans sa main, et l'injure était digne du grand homme à qui elle était adressée. On osa s'appuyer pour justifier cet étrange document, digne du temps des croisades et de la fureur aveugle des factions, sur ce traité de Paris, le plus ignominieux qu'un peuple eût jamais subi. N'était-ce pas éclairer la France sur ses véritables intérêts que de citer cette fatale transaction? Le partage entier du pays ne l'eût pas tant humiliée, car du moins il n'y a pas d'hypocrisie dans l'abus de la force. Quand ce traité à la main on disait à la nation que ce n'était pas à elle, mais à Napoléon seul qu'on déclarait la guerre, ne lui faisait-on pas une loi sacrée de défendre jusqu'au dernier soupir cet homme qui venait se placer entre elle et ce pacte honteux, qui l'avait fait décheoir du rang des grandes puissances?...

L'esprit public ne s'y trompa pas, et Napoléon, qui avait un admirable instinct de patriotisme et de nationalité, donna lui-même à ce manifeste hostile la plus grande publicité. Ce coup porta bien loin, et le premier cri de guerre du congrès faillit à devenir le précurseur d'une paix qui eût épargné à la France un désastre et à l'Europe des révolutions dont le germe, long-temps et vainement étouffé, ne tardera pas à se développer et à porter ses fruits.

Quand la renommée apporta dans le sein du congrès le récit de la marche triomphale de Napoléon au travers des départemens les plus populeux de la France, les hésitations cauteleuses de la diplomatie succédèrent parmi ses membres à la terreur panique causée par le départ de l'île d'Elbe. A peine l'aigle impérial eut-il déployé ses larges ailes, que les rois et les ministres se demandèrent avec inquiétude vers quelle contrée il allait diriger son vol. Allait-il planer encore sur les remparts de Vienne, sur ceux de Berlin, ou sur les murailles à demi refroidies de la sainte Moscou? Un moment l'unité de vue cessa de régner dans cette assemblée funeste à la liberté et au repos des nations. Chacun cherchait déjà à profiter des circonstances; on se parlait avec froideur, avec circonspection; on était bien aise de se ménager un moyen d'apaiser le conquérant, si, comme le géant de la fable, il se relevait de sa chute plus grand et plus fort que jamais.

Malheureusement Napoléon, séduit par la spontanéité et la décision que la nation française avait montrées en l'élevant de nouveau sur les pavois, confia l'avenir de sa couronne militaire aux timides intrigues de la diplomatie. Il oublia un moment qu'il ne pouvait régner que par l'épée, il se fit des illusions inconcevables sur sa position, et celui qui avait si long-temps parlé en maître ne put prendre le langage à demi suppliant d'un négociateur, sans se dépouiller volontairement de tous les prestiges de l'autorité illimitée qu'il avait exercée. Dès ce moment sa perte fut jurée par le congrès, dans le sein duquel la terreur de ses armes aurait pu porter le trouble, et où ses propositions de paix, dont personne ne pouvait admettre la sincérité, donnaient seulement la mesure de ses forces. Aussi l'on n'hésita pas à agir avec Napoléon comme avec l'homme qu'on avait réellement mis au ban de l'Europe. Il ne trouva plus dans le congrès ni admirateur, ni secret auxiliaire qu'une victoire lui eût rallié. Pour la première fois ses messages furent rejetés avec hauteur. Il était plus puissant à l'île d'Ebe.

Ainsi, comme une belle aurore précède souvent un jour orageux et terrible, ces fêtes populaires qui avaient salué son retour furent pour Napoléon les préludes d'une disgrâce plus éclatante encore que celle de 1814. La fatalité qui retint l'empereur à Paris, quand le 21 mars, à la tête de ses braves, il devait continuer sa marche vers le nord et aller s'asseoir sur le Rhin, fit triompher les projets machiavéliques des trois hommes d'état à qui nous persistons dans notre conscience à attribuer les événemens de cette époque. Oui, Napoléon fut arraché de l'île d'Elbe par de sourdes manœuvres et de perfides suggestions; et si ce fut un complot qui le ramena en France, ce complot fut tramé dans le congrès de Vienne.

Si Napoléon se trompa sur le résultat des ouvertures qu'ils s'était efforcé de faire aux ministres des grandes puissances, si ce fut une grande faute de sa part de montrer ainsi le sentiment d'une faiblesse qu'on ne lui aurait pas supposée, il se trompa davantage encore et commit une faute plus impardonnable, en méconnaissant le caractère du grand mouvement national qu'il avait soulevé. On ne voulait peindre dans cet ouvrage que quelques scènes détachées d'un immense tableau, et ne reproduire que ces faits isolés qui complètent l'histoire, mais qui échappent à ses investigations. Cependant ici les souvenirs personnels se mêlent tellement aux impressions publiques, les sentimens privés sont si fortement empreints des sentimens de tout un peuple, qu'il devient impossible de s'isoler et de rétrécir les inspirations de l'écrivain. Quelles individualités pourraient présenter l'intérêt de ce drame inouï dans les fastes de la vie sociale, et appeler l'attention sur quelques points particuliers de cette vaste scène, où s'agitent tant de passions, où vont se décider de si grands événemens? Pénétrés d'une pieuse douleur, en rappelant à notre esprit les maux affreux qui suivirent les jours brillans et rapides du retour de l'île d'Elbe, nous n'avons pas le courage d'entremêler notre récit d'épisodes sans authenticité, et nous ne pouvons parler que le langage austère de la vérité.

Qu'on ne s'y trompe pas, au mois de mars 1815, le peuple français avait voulu avoir sa restauration, et en replaçant Napoléon sur le trône, il avait souhaité qu'une main habile et puissante protégeât au dehors la liberté qu'il couronnait dans sa personne. L'empereur avait d'abord paru comprendre sa haute mission, et il l'avait solennellement acceptée, quand dans les montagnes du Dauphiné il se proclamait le premier citoyen du pays. On ne peut suspecter ni ses intentions ni sa probité. Ému, entraîné par le spectacle que lui avaient offert ces populations, dont les traditions de la république inspiraient l'enthousiasme, il avait pensé tout ce qu'il avait dit, il était résolu d'accomplir ses promesses.

Mais ces impressions passagères, malgré leur énergie, purent être effacées dans son esprit par l'aveugle délire, par le dévouement sans condition que le reste de la France s'empressa de lui montrer. Le pouvoir revient vite à l'oubli des principes qui entravent son omnipotence. Napoléon pensa que de toutes les conquêtes de la révolution, l'égalité était la seule qui fût l'objet de tous les vœux de la nation. Il ne pouvait comprendre qu'un peuple qui se donne à un homme fût mûr pour la liberté! Il avait retrouvé aux Tuileries tout l'attirail de l'empire, et il se laissa tromper encore par cette féodalité populaire, qui était sortie tout armée de son imagination, alors que sa parole était la loi et que tant d'hommes avides des distinctions qu'il jetait à pleines mains, sacrifiaient les intérêts de la patrie à leur servile orgueil.

La féodalité impériale avait été dans son origine un crime contre la constitution de l'état; sa résurrection en 1815 fut bien plus encore, elle devint un ridicule et une déloyauté. Comment la même main qui signait à Lyon le décret qui remettait en vigueur les lois de l'assemblée constituante relatives à la noblesse pouvait-elle conserver les titres fastueux qu'elle avait créés dans un autre temps? On n'improvise pas une aristocratie; elle naît de la conquête, de la fraude et de la violence; il faut dix siècles d'abus et d'oppression pour la constituer.

Le peuple, qui attendait avec impatience les premiers actes du gouvernement impérial, se montra en général peu satisfait de ceux qui signalèrent le second avénement de Napoléon. Au travers de ces expressions consacrées par la révolution et qui rendaient à la nation une sorte d'hommage, il était facile de démêler dans les décrets de l'empereur un langage significatif et absolu qui contrariait le principe en vertu duquel il régnait. Il n'était plus temps de mettre les mots à la place des choses, il ne suffisait plus de reconnaître la souveraineté du peuple, pour avoir le droit d'en restreindre les effets. Napoléon, entouré des chambellans impériaux, et de tous les élémens du pouvoir qu'il avait exercé, ne sut ni le modifier, ni se soumettre aux nécessités de sa position; il était même disposé à nier le règne des Bourbons, comme les Bourbons avaient nié le sien. Mais ce qui, de la part des publicistes de la royauté d'essence divine, n'est qu'une conséquence de principes erronés, était dans Napoléon une aberration complète, une des erreurs de ce beau génie qui se préparait ainsi de nouveaux revers.

Tandis que l'empereur oubliait aux Tuileries son exil, ses infortunes et les dangers de la tempête qui s'amassait contre lui, quelques émigrés, revenus de leur première épouvante, essayaient dans la Vendée de parodier le passé et de réunir de nouveau sous l'étendard royal ces populations braves mais ignorantes. Les Vendéens ne répondirent point à cet appel; quelques nobles, influens dans ces contrées à cause de leur nom, parvinrent seulement à réunir deux ou trois mille paysans, qui marchaient cette fois plutôt par respect pour leurs chefs que par dévouement à la cause qu'ils avaient autrefois si bravement défendue. Les temps étaient changés. Les pauvres Vendéens n'avaient pas peur de Napoléon comme de la république, qui avait renversé leurs autels et porté le fer et la flamme dans leurs chaumières.

Leurs enfans avaient servi dans les armées impériales, ils s'étaient habitués à regarder Napoléon comme le chef de l'état; ils avaient même à se louer de sa sollicitude et de sa bienveillance à réparer les suites funestes de l'insurrection et à en effacer jusqu'aux traces dans leur pays désolé.

Mgr le duc d'Angoulême, à la tête du 10º de ligne, le seul régiment qui fût demeuré fidèle au roi, et auquel s'étaient joints en assez grand nombre des volontaires de la Provence et du Languedoc, voulait marcher sur Lyon en traversant le Dauphiné. Les gardes nationales de l'Isère et de la Drôme se levèrent en masse pour s'opposer à ce mouvement et seconder les opérations des généraux de l'empereur.

Madame la duchesse d'Angoulême occupait Bordeaux, et voulait diriger dans l'intérêt de la restauration le zèle royaliste qui avait éclaté dans cette ville. Ainsi la France était menacée de la guerre civile, et ce fléau destructeur, rompant l'unanimité dont Napoléon avait pu se prévaloir, et trompant les étrangers sur la situation véritable de l'esprit public, allait appeler sur elle un fléau non moins désastreux, celui d'une nouvelle invasion. Mais ce ne fut que sur quelques points de la France que se manifesta cette opposition violente au rétablissement du trône impérial. L'opinion royaliste était loin d'être unanime même dans les pays où elle se levait en armes, tandis que dans tout le reste de la France les patriotes et les partisans exclusifs de l'empereur formaient une telle majorité que l'opinion contraire, isolée, anéantie, était réduite au plus profond silence. La lutte ne pouvait donc être ni longue ni sanglante, et Napoléon ne tarda pas d'annoncer à la garde nationale parisienne que le drapeau tricolore flottait dans tout l'empire.

L'heureuse et prompte conclusion de dissensions aussi graves, contribua beaucoup à augmenter la confiance de Napoléon ; il semblait se complaire à douter des dispositions hostiles du congrès de Vienne, qu'il espérait ramener à lui par sa modération. En attendant qu'un réveil terrible l'arrache enfin à ce songe décevant, Napoléon distribue les récompenses et les emplois qui ont été mérités par la fidélité à sa personne. Il s'entoure de nouveau de tout le luxe impérial et rétablit toutes ces charges de cour qui, le dépouillant autrefois de sa magistrature populaire, l'avaient fait descendre au rang des rois. C'est vainement que sur son passage le peuple s'est répandu partout en énergiques réclamations contre son penchant pour l'ancienne noblesse. Il a oublié ces sages remontrances et les lâches défections de ses serviteurs titrés; ce sont les mêmes hommes qu'il appelle encore auprès de sa personne, il en meuble encore ses antichambres, il en infecte toutes les administrations publiques.

Parmi tant de faveurs qu'il répand avec une aveugle générosité sur les déserteurs de sa cause, sur des courtisans sans patriotisme et sans courage, en restera-t-il du moins pour ces braves soldats, ses compagnons de gloire et d'exil? Non, eux seuls sont oubliés, et si c'est la politique qui étouffe la reconnaissance dans son cœur, cette politique cruelle est indigne de sa renommée et de son caractère. Mais eux seuls ne sont point surpris de cet abandon de leur empereur toujours chéri; le devoir et l'amour qui les enchaînèrent à sa destinée ferment toujours leur bouche à la plainte. Ils ne murmurent point de tant d'injustice, et si dans la prospérité Napoléon n'a point de récompenses pour leur héroïque dévouement, ces braves désintéressés et fidèles répondront encore à sa voix au moment des dangers!

Jusqu'à ce jour l'esprit public s'est nourri des vives espérances dont il a rattaché l'accomplissement au retour de Napoléon. Si les premiers actes de son gouvernement ne répondent point entièrement à l'attente générale, ils n'ont point encore affecté sa popularité. L'enthousiasme de la nation et l'ardeur des soldats, qui reviennent en foule se ranger sous les aigles de leurs régimens décimés par la restauration, n'ont rien perdu de leur force. La patrie se confie toujours dans l'empereur, et le moment n'est pas éloigné où, réalisant de solennelles promesses, il va rouvrir les tables de la loi et soumettre son pouvoir à leurs immuables volontés. Cette circonspection de l'esprit public qu'on peut observer dans la capitale est plus expressive dans les départemens qui les premiers ont ouvert la route à Napoléon. Là les patriotes soucieux de l'avenir, ne cherchaient point à cacher leur défiance; ils se comptaient et se préparaient à lutter contre Napoléon, si les anciennes habitudes de son pouvoir sans contrôle l'emportaient encore sur les véritables intérêts et sur les vœux de la France. En conséquence, partout le gouvernement impérial fut dépassé; le peuple se mit en possession de ses droits, en attendant qu'ils fussent de nouveau sanctionnés par une loi constitutionnelle. Des bruits sinistres de guerre étrangère, répandus à desseins par les partisans des Bourbons, loin de détacher la nation de l'empereur, comme on l'a dit plus haut, firent de sa cause la cause publique. Les Français se confiaient dans leur force; et unis sous un chef comme Napoléon, enflammés par les plus nobles sentimens sociaux, ceux de l'indépendance et de la liberté, qu'avaient-ils à craindre de l'Europe, qui fut vaincue dans des circonstances à peu près semblables, quand la république était déchirée par la guerre civile sur plusieurs points du territoire, et qu'il n'y avait point d'unité dans le pouvoir? Un moment encore la France offrit une image de cette grande époque. Les sociétés populaires se réorganisèrent dans toutes les localités de quelque importance, un pacte fédératif entre les habitans des diverses provinces fut signé avec enthousiasme. Les promenades publiques, les spectacles retentissaient des chants républicains qui avaient célébré l'aurore de notre gloire, et les premières victoires de la liberté. Tous les Français couraient aux armes, les vieux soldats instruisaient une foule immense de jeunes gens, et des milliers d'actes de patriotisme, de désintéressement prouvaient qu'en voulant fortement la liberté, la France ne reculait devant aucun des moyens qui pouvaient la lui assurer.

Au lieu d'éclairer Napoléon sur la marche qu'il avait à suivre, cette manifestation libre du vœu populaire l'épouvanta. Il dépendait de lui, en secondant franchement ce mouvement national, de créer une monarchie démocratique inébranlable, et peut-être de changer tout l'avenir de la civilisation européenne. Il n'osa point cependant s'opposer ouvertement à l'esprit public ; mais le silence de son gouvernement ressemblait plus à de la tolérance qu'à de l'adhésion. On aurait dit qu'une arrière-pensée hostile à la liberté que le peuple s'était donnée, en se constituant ainsi en délibération permanente sans le concours des autorités, dominait la politique adoptée par Napoléon. On l'a déjà dit, il n'était point convaincu que la France fût mûre pour la liberté constitutionnelle, et il regardait plutôt le gouvernement représentatif comme un grand principe, comme une théorie d'ordre social que comme une réalité politique. Toutes les actions spontanées du peuple sans l'intervention des magistrats lui paraissaient un pas vers l'anarchie; car, dans ses idées d'ordre et d'obéissance au pouvoir, il ne pouvait admettre la liberté pratique avec toutes ses conséquences.

Deux fois Napoléon est tombé pour avoir méconnu les vérités les plus simples, et si dans son cruel et douloureux exil il a manifesté quelques regrets à cet égard, il a enveloppé de tant de restrictions et de sophismes ses discussions sur la souveraineté du peuple, qu'on peut affirmer qu'elle n'entrait ni dans sa conscience ni dans les formes de son esprit.

Napoléon est d'autant plus inexcusable qu'il avait trop de sagacité pour ne pas apprécier la force toute-puissante de l'immense levier que la destinée confiait à ses mains. Plusieurs fois, durant le cours de son règne de cent jours, on l'a entendu dire en parlant des souverains alliés : « Qu'ils y prennent garde ! Ils croient me tenir ; mais si je mets le bonnet rouge, dans peu de mois je serai le maître chez eux. » Il est inutile de dire qu'ici l'exagération de l'expression n'ôte rien à la portée de l'idée politique qu'elle veut retracer.

Cependant il n'était plus possible de se faire illusion sur les intentions des étrangers. Toute l'Europe se soulevait de nouveau contre la France, à la voix de ces princes parjures qui déjà une fois, pour obtenir le concours des peuples, avaient vainement fait briller à leurs yeux l'avenir de la liberté. D'immenses armées semblables à ces torrens de barbares qui inondèrent l'occident à une époque bien loin de nous, se mettaient en mouvement de toutes parts. Ils se préparaient dans le délire d'une joie sombre et terrible, à porter à la France des coups plus sûrs, plus décisifs que ceux de la première invasion. On leur avait dit trop souvent que la France ne les avait long-temps vaincus qu'au prix de sa prospérité intérieure, que les campagnes, devenues désertes et stériles, offraient l'image de la désolation et d'une mort sociale prochaine ! Quel ne dut pas être leur étonnement et leur secrète rage à l'aspect de cette terre riche et féconde, qui ne portait aucune trace de la longue lutte qu'elle avait soutenue ; tandis que leur propre pays, dévasté par la guerre, leurs villes démantelées, leurs champs sans culture, leurs populations affaiblies, témoignaient hautement de la grandeur de leurs pertes et de la réalité de nos victoires !

En se préparant à repousser ces hostilités formidables avec une activité qui rappelait les miracles de la convention, Napoléon se décida à fixer l'opinion publique sur la nature du gouvernement qu'il avait promis à la France. On n'entrera point ici dans le secret des délibérations du conseil impérial ; les motifs les plus purs et les raisonnemens les plus concluans ne peuvent rien en faveur d'une mesure, si dès son apparition elle a été frappée d'impopularité. Les nations sont infaillibles dans l'appréciation de leurs intérêts. Les faiseurs de lois et les peuples n'ont ni la même manière de sentir, ni la même flexibilité d'esprit; pour le peuple la loi est un fait, pour les rétheurs c'est un thème à discussion.

Le 24 avril 1815, Napoléon-le-Grand, salué deux fois empereur par le vœu des Français, rompit brusquement le lien qui attachait ses destinées à celles de la patrie, en publiant de sa propre autorité un acte additionnel aux constitutions. Les constitutions de l'empire étaient une dérision; elles avaient fait un gouvernement représentatif sans discussion, sans opposition, sans publicité. Si le pouvoir absolu est odieux, c'est surtout quand, déshonorant tout ce qui doit être sacré parmi les hommes, il profane le nom des lois en les faisant servir à ses caprices et à ses exigences. La violence n'est pas une bonne chose, mais elle vaut mieux que l'hypocrisie.

Et voilà donc le fruit des méditations de l'exil! Braves et généreux vétérans qui, pour demeurer fidèles à la gloire de votre pays, suivîtes sur un rocher de la Méditerranée le héros de vos belles journées, était-ce là un prix digne de votre dévouement? Energiques montagnards, qui ouvrîtes à Napoléon la barrière de vos Alpes, étaient-ce là les conditions de votre alliance avec lui?... Non, il n'est pas possible de peindre l'effet désastreux, instantané, que produisit l'acte additionnel. Il tua d'un seul coup l'enthousiasme public, l'expression ne doit pas être prise au figuré. Le sentiment de douleur et d'indignation que fit naître la publication de cet étrange document fut à Paris plus vif qu'on ne saurait l'attendre d'une grande population essentiellement divisée par l'intérêt, les mœurs et les besoins des diverses classes qui la composent. Mais il fut ressenti dans les départemens patriotes avec une force et une telle unanimité, que tout parut perdu aux partisans exclusifs de Napoléon. Cette désolante nouvelle circula dans toute la France avec une effrayante célérité, et partout elle fit naître les mêmes alarmes et porta le même coup. Une aussi amère déception était une faute irréparable; elle glaça les cœurs les plus ardens, et paralysa les dévouemens les plus exaltés.

Dès qu'on eut annoncé l'apparition de l'acte additionnel, les citoyens recherchèrent avec un vif empressement les papiers publics; on ne pouvait croire à des bruits qui paraissaient dictés par la malveillance. Mais quand on avait acquis la triste certitude de leur réalité, on se communiquait avec une profonde tristesse ce fatal document, preuve irrécusable qu'on pouvait appliquer à Napoléon le jugement qu'il avait porté lui-même sur d'augustes personnages : ils n'ont rien oublié ni rien appris.

On voyait au milieu de groupes animés, des jeunes gens s'expliquant avec la chaleur et la loyauté de leur âge sur un acte qui était si éloigné de réaliser les espérances que la nation avait mises dans Napoléon. — C'en est fait, disait-on, il veut recommencer l'empire, mais le règne de l'épée est passé pour ne plus revenir. Et de quel droit Napoléon règle-t-il d'avance la somme de liberté dont nous avons besoin ? Investi par les circonstances d'une sorte de dictature, d'un pouvoir extra-légal nécessairement temporaire, il est l'homme de la nation et non pas son maître et son législateur. — L'acte additionnel n'est qu'une parodie de la Charte, une déclaration de principes bons en eux-mêmes, mais qui n'ont pas besoin d'être proclamés. Nous sommes un peuple libre, nos droits sont à nous, ils sont dans l'ordre social ce que le soleil est dans l'ordre naturel. — Napoléon, ajoutait-on avec autant d'indignation que d'amertume, va donc tenir un lit de justice, pour faire connaître aux représentans du peuple la liberté qu'il nous octroie. On ne doit pas fausser un principe. La légitimité et la Charte s'enchaînent mutuellement, l'acte additionnel et la souveraineté du peuple sont une anomalie.

Ainsi c'était moins la constitution impériale en elle-même, que la forme dans laquelle elle était présentée qui excita les justes reproches de l'opinion. Les défenseurs de Napoléon se sont mal à propos évertués à prouver que cet acte additionnel tant décrié renfermait cependant les dispositions les plus libérales; ce n'était point là la question. Lors même qu'il eût dépassé sous ce rapport les vœux légitimes de la nation, sa publication sous la forme d'un décret n'était pas moins un outrage à la dignité nationale et au bon sens public. Les devoirs de Napoléon, puisqu'il convenait lui-même que les peuples seuls ont des droits, lui étaient tracés par ses antécédens comme magistrat d'émanation populaire, et par la gravité des circonstances. Son second avénement n'était qu'un fait, et l'opposition qui s'était manifestée sur plusieurs points du territoire prouvait assez que ce fait ne s'était point établi sans contestation.

Sans résigner le pouvoir, Napoléon aurait donc dû convoquer une convention nationale, qui, ayant reçu du peuple une mission spéciale, pouvait seule en exerçant le pouvoir législatif dans toute son étendue, légitimer le nouveau règne de Napoléon après son abdication de 1814. Il eût alors mis le comble à sa haute renommée, et déjà si grand par la victoire, il l'eût été plus encore par sa sagesse et sa modération. La liberté fière de lui, aurait inscrit son nom à côté de celui de Washington, qui, doué d'un génie moins brillant, occupera néanmoins dans l'histoire la place la plus belle que puisse envier un homme.

Il n'en fut point ainsi; les destinées de la France et celles de Napoléon ne renfermaient pas ces élémens de grandeur et d'immortalité.

L'erreur de Napoléon était tellement consciencieuse qu'il comptait sur l'acte additionnel pour produire en France un mouvement analogue à celui de 1789, qui, dirigé par lui, devait imposer aux alliés et faire échouer une nouvelle invasion. Il fut surpris et vivement affligé de ce qui arriva. Il avait combattu avec chaleur, avec éloquence, les sages prévisions de ses honorables conseillers, et reconnut trop tard combien ils avaient eu raison. Il céda à l'opinion publique, dont le mécontentement ne s'était jamais exprimé avec plus d'énergie; il crut qu'il était temps encore de ramener à lui des esprits froissés par les apparences de déloyauté qui marquaient sa conduite politique. Mais le coup fatal était porté, le charme était déjà rompu, et l'imminence de la guerre étrangère faisait seule rattacher à Napoléon un espoir dont les plus chères illusions avaient été déçues. En appelant les colléges électoraux à se réunir pour le choix des représentans, Napoléon convint avec une franchise digne de son noble caractère, que son ouvrage portait les traces de la précipitation avec laquelle il avait été fait. Il s'excusa sur l'impérieux besoin des circonstances, et déclara que l'acte additionnel n'était plus qu'un plan de constitution qui devait servir de base aux prochaines délibérations de la représentation nationale.

Lorsque Napoléon conçut à Lyon l'idée du champ de mai, il espérait, et le texte même de son décret en faisait foi, pouvoir dans cette grande réunion présenter au peuple et à l'armée, l'impératrice Marie-Louise et le jeune héritier de son nom. Ce spectacle eût sans doute produit un grand effet et rallié à la cause impériale tous les esprits timides ou circonspects, qui ne voyaient aucune chance de durée dans le retour de Napoléon. L'impératrice alors était populaire, elle était la mère d'un prince en la personne duquel le temps devait consacrer l'omnipotence de la nation. Vainement les journaux imputèrent-ils à une lâche violence l'absence inquiétante de Marie-Louise, ils ne purent détruire la fâcheuse impression qu'elle causa. On plaignait sans doute Napoléon, si profondément blessé dans toutes ses affections de père et d'époux; mais on prévoyait avec une vive douleur quelle lutte pénible et sanglante allait être la suite du triste abandon d'un prince puissant que les liens du sang attachaient à l'empereur. Le jeune Napoléon eût été entre son illustre père et les partis politiques, comme un gage de sécurité et d'avenir, qui eût attaché l'empereur à la constitution, et les patriotes à l'empereur. La politique implacable de la maison d'Autriche détruisit toutes ces espérances, et dès ce moment la guerre s'annonça sous les auspices les plus sombres et les plus alarmans.

Quoique le champ de mai dût être privé de l'éclat et de l'intérêt immense que la présence de l'impératrice et du roi de Rome lui aurait donnés, on ne sait pourquoi cette grande réunion était attendue par la nation avec une vive impatience. Peut-être espérait-on que l'empereur en présence de l'élite des Français, allait retrouver une de ces inspirations soudaines qui changerait tout à coup le caractère alarmant des affaires publiques, et dont l'impulsion irrésistible était dans les secrets de son génie. Les patriotes crurent encore un moment que, déposant la pourpre impériale, Napoléon allait donner un grand exemple au monde, en rétablissant le gouvernement républicain, dont la reconnaissance publique lui eût aussitôt confié le formidable pouvoir. L'événement ne justifia ni les appréhensions ni les espérances du champ de mai.

Napoléon croyait avec raison à l'influence des mots, et la dénomination qu'il avait donnée à l'assemblée qu'il avait convoquée pour le mois de mai était une nouvelle preuve de l'importance qu'il attachait à renouveler sous son règne toutes les habitudes sociales. Le champ de mai était un titre grand et heureux. Il rappelait cette liberté antique des premiers Français, dont les comices souverains faisaient à la fois des rois et des lois. Il se présentait ainsi comme le fondateur de la seconde dynastie aux suffrages libres de la nation. Il rappelait son fils Charlemagne rétablissant la constitution salique et s'honorant dans sa toute-puissance de partager avec le peuple l'autorité suprême, qu'il augmentait de toutes les forces de la liberté.

Malheureusement les Français sont le peuple le moins traditionnel de l'Europe et celui sur lequel les souvenirs de l'histoire ont le moins d'influence. Plus des onze douzièmes de la nation sont plongés à cet égard dans la plus profonde ignorance, et cette société qui a douze siècles d'existence ne sait même que confusément ce qui s'est passé sous la génération à laquelle elle succède. Il n'y eut donc que la nouveauté du mot qui fit quelque impression sur les masses, et elles s'attendirent d'autant plus à quelque chose d'extraordinaire.

Tandis que, par les ordres de Napoléon, la France, prompte à répondre à sa voix, ressemblait à un vaste camp où tout se préparait pour la défense du territoire, les colléges électoraux choisissaient les représentans de la nation et créaient une assemblée législative, la plus remarquable par les talens et les vertus de la majorité de ses membres qui ait jamais honoré un peuple. Ainsi de toutes parts la France présentait un spectacle plein de mouvement et d'énergie, qui semblait présager à la révolution du 20 mars un dénouement moins funeste.

Un vaste autel était dressé au milieu de l'enceinte du Champ-de-Mars, qui, outre les représentans du peuple et un grand nombre d'électeurs accourus de toutes les parties de la France, devait contenir aussi une députation de tous les corps de l'armée. Des salves d'artillerie et le bruit de toutes les cloches de la capitale annoncèrent dès l'aurore du 1er juin 1815 l'ouverture du grand congrès national que Napoléon devait présider. Une foule immense couvrait toutes les avenues de l'esplanade et remplissait l'air de ses cris. Un temps magnifique ajoutait à l'éclat de cette journée. C'était beaucoup pour le peuple, qui avait toujours attaché une idée superstitieuse à ce bonheur des fêtes impériales, que la splendeur du soleil favorisa si souvent, et qui le regardait comme un signe de la protection du ciel.

L'empereur et ses frères, environnés de tout le luxe impérial, prirent place sur l'estrade richement décorée qui leur avait été préparée. On ne sait si quelque triste pressentiment assiégeait l'âme de Napoléon, ou si l'absence des deux personnes qui lui étaient si chères lui paraissait plus cruelle encore en ce moment, mais il y avait de la tristesse dans le calme et la gravité de sa physionomie. Après la célébration du service divin on proclama le résultat des votes donnés sur l'acte additionnel, et son adoption par la France en fut aussitôt proclamée. Cette formalité était au moins inutile, quoiqu'elle fût motivée par des précédens, et il en résulta qu'à peine un million de citoyens avait voté pour ou contre.

Le discours adressé à l'empereur par une commission des électeurs et au nom du pays était remarquable par la fermeté et la convenance des expressions. La réponse de l'empereur fut noble et belle, digne de lui et de la nation généreuse qui venait d'invoquer l'être suprême pour la prospérité de son règne et le salut de la patrie.

— Empereur, consul ou soldat, dit-il en commençant, je tiens tout du peuple. Dans la prospérité, dans l'adversité, sur le champ de bataille, au conseil, sur le trône, dans l'exil, la France a été l'objet unique et constant de mes pensées et de mes actions.

Après avoir rapidement passé en revue avec cette verve et cette concision qui distinguaient ses paroles les diverses circonstances de l'époque, Napoléon fit de nouveau entendre ce langage national et fort d'un souverain du choix du peuple et qui se montre digne d'une telle magistrature.

— Français ! s'écria-t-il avec une chaleur entraînante, vous allez retourner dans vos départemens. Dites aux citoyens que les circonstances sont grandes !... qu'avec de l'union, de l'énergie et de la persévérance, nous sortirons victorieux de cette lutte d'un grand peuple contre ses oppresseurs; que les générations à venir scruteront sévèrement notre conduite; qu'une nation a tout perdu quand elle a perdu l'indépendance. Dites-leur que les rois étrangers que j'ai élevés sur le trône, ou qui me doivent la conservation de leur couronne, qui tous, au temps de ma prospérité, ont brigué mon alliance et la protection du peuple français, dirigent aujourd'hui tous leurs coups contre ma personne. Si je ne voyais que c'est à la patrie qu'ils en veulent, je mettrais à leur merci cette existence contre laquelle ils se montrent si acharnés. Mais dites aussi aux citoyens que, tant que les Français me conserveront les sentimens d'amour dont ils me donnent tant de preuves, cette rage sera impuissante.

Français! ma volonté est celle du peuple, mes droits sont les siens; mon honneur, ma gloire, mon bonheur ne peuvent être autres que l'honneur, la gloire et le bonheur de la France!

En prononçant ces dernières paroles avec une vive émotion que ses nobles accens avaient fait partager à tous ceux qui avaient pu les entendre, Napoléon se pencha sur le bord de l'estrade et entr'ouvrit ses bras comme s'il eût voulu y serrer à la fois cette foule d'hommes réunis autour de son trône. Ce mouvement fut beau autant qu'imprévu, il produisit sur la multitude un effet difficile à décrire. Les cris de *vive l'empereur!* long-temps prolongés et répétés au loin, éclatèrent aussitôt, et l'enthousiasme fut au comble.

Les aigles furent ensuite distribués à la garde impériale et à la garde nationale, et cette cérémonie, qui tiendra sa place dans nos annales, s'acheva sans que le moindre désordre en eût troublé l'imposante grandeur.

Le champ de mai aurait pu être une solennité nationale; le patriotisme des électeurs et la conduite pleine de dignité de Napoléon lui prêtèrent un grand lustre sous ce rapport; mais il ne porta aucuns fruits, et ne fut en réalité pour le peuple de Paris qu'une belle fête qui l'occupa un jour entier.

CHAPITRE SEPTIÈME.

CHAPITRE VII.

Waterloo.

Allons, enfans de la patrie ! rassemblez-vous, courez aux armes ! Plus de vaines illusions, plus d'espérances de paix, aux armes ! Les rois ne vous laisseraient pas un repos sur lequel la liberté pourrait verser l'abondance de ses biens. Vétérans de Sambre-et-Meuse, de Rhin-et-Moselle, d'Italie et d'Egypte, reprenez la baïonnette victorieuse qui fit reconnaître au monde la souveraineté du peuple français ! En comptant vos honorables cicatrices, en écoutant avec la ferveur pieuse du patriotisme le récit de vos hauts faits, de jeunes guerriers palpitans de courage et d'enthousiasme s'élanceront dans les champs glorieux où vous les avez précédés. Aux armes !.....

Patrie ! liberté ! affections saintes et pures qui attachent l'homme à sa terre natale, réveillez-vous dans tous les cœurs. Citoyens, levez-vous ! Cette terre si belle, fécondée par vos travaux, est promise à la dévastation et au pillage. Ces riches moissons qui mûrissent dans vos champs héréditaires, dans peu de jours les coursiers du Hongrois et du Tartare y vagueront librement comme dans les marécages voisins du Danube, comme dans les steppes solitaires de la Russie. De farouches soldats porteront des mains profanes sur les chefs-d'œuvre des arts, seuls prix de tant de combats et de victoires ! Il n'y aura plus pour vous ni sécurité ni repos; un vainqueur insolent commandera en maître dans vos maisons, dont d'impuissantes lois ne pourront plus protéger le seuil inviolable. Vos épouses et vos filles, destinées à de brutales caresses, vous crient, au nom de la pudeur et de la chasteté des foyers domestiques, de les préserver de ces cruels outrages. Aux armes !

Que les factions se taisent ! Malheur au

citoyen impie qui, dans ces jours difficiles, viendrait mêler de stériles discussions de droit public aux cris de vengeance et d'honneur qui doivent retentir de toutes parts, au sein des cités, dans les hameaux les plus éloignés. Oui, malheur à celui qui, paralysant ainsi l'énergie populaire, jetterait au milieu de nous de nouveaux brandons de discorde. N'imitons point ces Grecs dégénérés qui, sur les ruines fumantes de Constantinople, s'occupaient encore de mystiques rêveries, quand leur patrie dévastée était déjà la proie des barbares. Levons-nous comme un seul homme au milieu de tant d'ennemis, soyons un grand peuple d'abord, et lorsque la victoire aura couronné de nobles efforts, rendons la paix profitable aux générations qui viendront après nous en appuyant nos droits sur des lois fortes et justes. Qu'il ne tombe jusqu'alors de la tribune publique que des paroles d'enthousiasme et d'encouragement. Il faut vaincre Philippe, on ne le vaincra qu'avec le fer et non pas avec les oraisons de Démosthènes. Des épées! des épées! N'avez-vous pas entendu ces paroles alarmantes : Que les consuls veillent! la patrie est en danger. Aux armes!

« Qui sont-ils donc, et que nous veulent-ils ? Ils sont nombreux, vingt rois et vingt peuples se sont de nouveau ligués contre un seul peuple et contre un seul homme. Leur alliance même est encore un hommage qu'ils sont forcés de rendre à la valeur française. Unis par la même haine contre la France, ils sont obligés de couvrir leurs hostilités du masque de l'hypocrisie, et c'est contre Napoléon seulement qu'ils prétendent s'être armés. Eh bien ! il n'est pas un seul de ces souverains qui n'ait eu besoin dans un jour de malheur de la merci de l'empereur des Français. Ils portent tous sur le front l'ineffaçable sceau de sa grandeur ; mais comme l'empreinte d'un fer brûlant et infâme, cette tache faite à leur orgueil est le véritable motif de leur profond ressentiment.

« Au premier rang des ennemis de la France et de Napoléon, voyez marcher l'héritier des Césars d'occident, un de ces hommes dont le nom est connu parce que le hasard les a fait naître dans la pourpre. Ennemi déclaré de la liberté, l'empereur François fut aussi le premier prince qu'elle humilia. C'est en combattant contre ses soldats que Napoléon commença son impérissable renommée. Mais plus tard, quand, suivant son expression, sa dynastie aurait pu être la plus ancienne de l'Europe, Napoléon, qui était entré deux fois en maître dans les murs de Vienne, lui rendit deux fois sa couronne; deux fois la grâce de son épée victorieuse put figurer dans le protocole impérial à côté de la grâce de Dieu. Est-ce donc pour cela que, comme souverain, François est l'ennemi le plus implacable de Napoléon? Non; peut-être il veut le punir d'avoir enté sa race sur une race royale et d'avoir allié un nom féodal à un nom qui ne doit plus mourir...

Le roi de Prusse a, dites-vous, d'anciennes injures à venger. Mais quand les foudres de l'aigle française brisèrent son trône, n'était-il pas l'agresseur? Les vieux soldats du grand Frédéric ne brûlaient-ils pas, dans leur orgueil militaire, de se mesurer avec les conquérans de l'Égypte, de l'Italie et de l'Autriche?... Ils furent vaincus. Une seule journée décida du sort de leur renommée et de celui de leur pays. Sur le champ de bataille de Iéna, où la tactique prussienne fut brisée par l'impétuosité française, un décret de Napoléon pouvait élever la Prusse au rang de province française, ou rendre à l'électorat de Brandebourg ses étroites limites. L'empereur fut plus généreux, il rendit à Frédéric-Guillaume la couronne qu'il n'avait pu défendre... La reconnaissance des rois est-elle donc comme leur colère, et donne-t-elle aussi la mort?...

Alexandre a-t-il oublié qu'après la bataille des trois empereurs, où le soleil se leva si beau pour Napoléon, il recommanda ses soldats à la clémence et à la générosité de Napoléon? a-t-il oublié le radeau de Tilsit, où son orgueil d'autocrate s'honorait de l'amitié d'un grand homme? C'est dans les déserts inhospitaliers de la Russie que la France a éprouvé les pertes les plus cruelles. C'est là où la rigueur des élémens a fixé le terme de toute végétation et imposé à l'ambition humaine une barrière insurmontable, que la fortune de Napoléon sembla lui faire un solennel adieu. C'est cependant l'hostilité et la haine d'Alexandre que les Français s'expliquent le moins. Que François ne se montre ni prince loyal ni bon père, que Frédéric-Guillaume soit injuste et passionné, il n'y a pas en France un seul regret qui se rattache à leur inimitié; mais Alexandre, qui ne put voir sans éprouver une vive admiration la capitale de l'empire, et qui, touché d'une magnanime douleur pour les maux d'un grand peuple, sembla un moment s'interposer entre lui et les exigences de la victoire... cela ne se comprend point, et sa conduite ressemble à une défection.....

A ce dernier mot l'indignation nationale va chercher au milieu des ennemis un prince du nord à qui une couronne échut en partage, quand un décret de Napoléon faisait des rois et que ses lieutenans pouvaient prétendre au rang suprême. Le général de la république française a échangé ses palmes populaires contre le trône de Suède. S'il n'avait inspiré que de la pitié en subissant ce jeu de la fortune, si sous l'hermine de son manteau royal un cœur français n'eût pas cessé de battre..... mais abjurant envers Napoléon le sentiment de la reconnaissance, c'est contre son ancienne patrie que le prince suédois va guider ses soldats! Ah! du moins, pour adoucir le ressentiment de sa cruelle ingratitude, puisse-t-il un jour, se souvenant sur le trône des vœux qu'il formait comme citoyen, faire le bonheur du peuple au milieu duquel l'a jeté le destin!..

Une foule de princes souverains qui fournissent un contingent armé à la confédération sont fiers aussi de porter quelques coups à la France qu'ils ont lâchement trahie, abandonnée sur le champ de bataille. Aux jours de la prospérité de Napoléon, confondus parmi ses plus humbles serviteurs, ils attendaient dans les antichambres de Saint-Cloud et de Fontainebleau le lever de cet astre, dont les rayons tout-puissans faisaient éclore alors des honneurs qu'ils mettaient au dessus de leurs titres féodaux.

Mais cette fois ce n'est plus seulement avec l'or de ses marchands que l'Angleterre, cette fatale et perpétuelle ennemie de la France, va nourrir les orages soulevés par sa haine implacable; elle a envoyé ses propres soldats sur le continent... Que la victoire prononce entre nous! son inimitié n'est pas généreuse, mais elle est fondée; elle honore à la fois la

France et Napoléon. Placées au premier rang parmi les nations, l'une et l'autre n'ont pas de rivales ; c'est la terre qu'elles se disputent, c'est le sceptre du monde qu'elles veulent s'arracher. Mais que l'Angleterre ne s'enorgueillisse pas des malheurs de la France, le champ de bataille lui est resté, et non pas la victoire. Elle a reçu dans la lutte de profondes blessures ! Depuis plus de vingt-cinq ans, la France livrée à ses propres forces, combat seule contre tous les ennemis que l'Angleterre lui a suscités. Jamais elle n'est descendue seule dans l'arêne ; son or et des millions de soldats ont fait un moment pencher la balance en sa faveur ; mais que le destin nous offre une journée, une seule....

Noble France, en proie à tant d'ennemis, la victoire t'abandonnera-t-elle une seconde fois au moment décisif? N'auras-tu retrouvé que de faibles étincelles de ce patriotisme ardent et généreux qui, en peu d'années, nonseulement anéantit dix armées étrangères, mais te rendit encore l'arbitre des destinées de l'Europe? Oh! si de nouvelles infortunes doivent tomber sur toi, qu'on n'en puisse du moins accuser que le sort...

La guerre est imminente, et la certitude que les Anglais et les Prussiens ont pris position sur les frontières du nord annonce l'approche d'une lutte terrible, et qu'il est impossible de ne pas envisager avec une sorte d'effroi. Depuis quelques années, l'armée française a fait des pertes cruelles, la plupart des régimens ont été renouvelés par la conscription; il y a encore dans leur rang du courage et du dévouement, mais où sont les soldats qui formaient la colonne de granit à Marengo?... Les vétérans se comptent facilement dans tous les corps de l'armée, décimée tant de fois sur le champ de bataille, et que la victoire avait affaiblie autant que les revers. C'est vainement que Napoléon a rendu aux régimens les devises illustrées par tant de belles actions. Ces nobles désignations écrites sur leurs drapeaux, stimulent encore la valeur des soldats, elles maintiennent l'esprit de corps mais elles ne sont plus que de beaux souvenirs, car les braves qui les ont conquises reposent pour toujours dans les champs de la Russie et dans les plaines de la Saxe.

Ces alarmes fondées sur la composition de l'armée, et que le peu de temps laissé à l'empereur pour la réorganiser rendait encore plus rationnelles, n'étaient pas les seules qui, dans ces graves circonstances, vinssent préoccuper l'esprit public.

On avait vu avec peine dans les départemens conserver en place la plupart des fonctionnaires nommés sous la restauration. Il est vrai que beaucoup d'entre eux avaient commencé leur carrière sous l'empire; mais leur conduite en 1814, insolente envers l'empereur après tant de bassesse et de servilité, ne méritait aucun égard. L'empereur mit peut-être un certain orgueil à se défendre contre toute réaction à ce sujet, pour éviter de faire des mécontens dont le rang et l'influence auraient pu ôter de l'unité à sa cause. Il oubliait encore dans cette circonstance que c'était avec le peuple seul qu'il avait de l'affinité; et le mécontentement public dans un grand nombre de localités aurait dû l'avertir de la faute grave qu'il commettait en confiant encore à des hommes peu fidèles et peu dévoués les emplois les plus importans. Ces fonctionnaires, habitués à ramper devant lui, s'étaient empressés d'adhérer à son retour et à l'accabler de leurs protestations officielles de dévouement et d'amour. Mais dès que la guerre fut certaine, ils ne tardèrent pas à éprouver des craintes sur la durée d'un pouvoir contre lequel se soulevait l'Europe tout entière. Non-seulement alors ils n'exécutèrent que mollement les instructions qu'ils reçurent relativement à l'organisation des moyens de défense du pays, mais encore ils paralysèrent autant que cela fut en leur puissance le zèle et le patriotisme des habitans des campagnes.

Les patriotes cependant ne désespéraient pas du salut de la France, malgré le profond mécontentement qu'avait pu leur causer l'acte additionnel. Mais tout en faisant de nombreux sacrifices et des vœux ardens pour le succès de nos armes, ils ne dissimulaient pas la défiance que cet acte à jamais funeste avait fait naître dans les cœurs. Ils avaient à craindre en effet qu'une victoire, en délivrant Napoléon des hostilités de l'Europe, ne remît la France entre ses mains, et qu'après avoir défendu la liberté contre tant d'ennemis, il ne fallût encore la défendre contre l'empereur lui-même. Cette vague inquiétude de l'avenir, fortement ressentie, produisit les résultats les plus désastreux, et servit à souhait la sourde opposition des royalistes, qui ne se montraient alors nulle part, mais qui savaient à propos prendre le langage du patriotisme en cachant leurs secrets sentimens sous le manteau de l'opposition libérale.

Ce mélange malheureux de défiance et de patriotisme, d'enthousiasme et d'hésitation, fut assez fidèlement reproduit dans la chambre des représentans, qui s'assembla deux jours après le champ de mai. Les patriotes en composaient la majorité, et à peine furent-ils constitués qu'ils firent éclater les plus impolitiques soupçons contre les intentions de l'empereur. Dans leur noble amour pour la liberté, dans leur vif désir de l'affermir à jamais en France par des institutions fortes, qui pussent résister à toutes les atteintes du pouvoir, ils commirent cependant une faute énorme, en divisant ainsi au moment du danger les forces morales de la nation. La chambre des représentans mit de la hauteur, et même une certaine rudesse qui semblait appartenir à un autre temps, dans toutes les dispositions qu'elle arrêta, en réglant la forme de ses relations avec les ministres. Ses discussions furent vives, chaleureuses et profondément empreintes de l'esprit républicain, plus hostile à la dynastie de Napoléon que l'attachement des royalistes pour la maison de Bourbon.

Cet esprit éclata dans diverses circonstances; mais sa tendance fut surtout caractéristique et prononcée, lorsqu'un membre enthousiaste de Napoléon eut l'imprudence de proposer de lui décerner le titre de *sauveur de la patrie*. Les plus violens murmures et les sarcasmes les plus sanglans accueillirent cette motion, sur laquelle la chambre passa à l'ordre du jour à la presque unanimité des voix. D'un autre côté, si les mauvaises dispositions de cette assemblée pour l'empereur étaient évidentes, le but et les intentions de la majorité, sous le rapport des principes constitutionnels, ne se manifestaient pas avec moins d'énergie et de franchise. L'acte additionnel fut d'un commun accord regardé comme non avenu, et un comité de constitution fut aussitôt nommé. Ainsi la chambre s'emparait elle-même de l'initiative législative, réduisait la chambre des pairs au silence, et replaçait dans le doute les droits ou, si l'on veut, l'autorité de l'empereur. La constitution que cette assemblée acheva en présence même des baïonnettes étrangères était, il est vrai, monarchique; mais si la bataille de Waterloo n'avait pas mis un terme à ces rêves de quelques jours, il est certain que la république fédérative serait sortie de son sein. C'était l'opinion de tous les patriotes éclairés, et la chambre la représentait avec fidélité.

L'esprit de l'armée, plus dévouée à la personne de Napoléon, plus enthousiaste de sa gloire, n'était pas au fond plus rassurant. Les soldats ne voyaient qu'avec peine plusieurs généraux, dont la conduite avait été plus qu'équivoque, suivant eux, en 1814, conservés à la tête de leurs rangs. L'influence que l'armée avait eue dans la révolution du 20 mars avait porté un coup mortel à la discipline. Ce ne sera jamais vainement qu'une armée sera appelée à agir activement dans une commotion politique, où l'on exigera d'elle une sorte de délibération. L'aveugle fanatisme des soldats pour leur empereur ne saurait se décrire; fiers de l'avoir conduit à Paris et de l'avoir pour ainsi dire porté sur son trône, ils reprenaient avec plus d'arrogance encore la supériorité qu'ils affectaient sous l'empire. Agités par les paroles menaçantes de leurs officiers, ils se plaignaient hautement qu'on voulût borner le pouvoir de Napoléon, et entraver les moyens de défense que son génie lui indiquerait pour sauver la France. Bientôt ils voulurent que le peuple partageât leur frénétique enthousiasme; dans les spectacles, dans les réunions publiques où les militaires se trouvaient en grand nombre, ils osaient imposer aux citoyens des acclamations en faveur de Napoléon, et révoltaient ainsi par l'arbitraire et la violence de leur conduite des cœurs bien disposés pour la cause nationale. Les patriotes ne voyaient pas sans effroi se développer dans l'armée cet esprit séditieux d'hostilité à l'ordre légal et de mépris pour les classes populaires. Ils en tiraient la conséquence que le rétablissement du gouvernement militaire qui avait pesé sur la France était imminent, et suivrait de près le succès de nos armes. Les gens calmes et éclairés, à même d'observer ces inquiétantes agitations de l'esprit public, purent dès lors envisager l'avenir sous les couleurs les plus sombres. L'armée était brave sans doute, intrépide, ardente et dévouée, mais le levier puissant du véritable patriotisme, qui inspira tant de courage et tant de nobles actions aux soldats de la république, n'existait plus. Il était évident que Napoléon était tout pour elle, et qu'elle allait combattre non pour l'indépendance et les institutions du pays, mais pour l'homme à qui elle accordait une espèce de culte et d'adoration passionnée. D'ailleurs le lien moral de cet honneur militaire qui fait la force réelle des armées n'avait-il pas été brisé? La conduite de ces soldats, qui n'avaient pas hésité un seul instant à changer de drapeau, était-elle bien à l'abri de tout reproche? L'auteur de ce livre a peut-être acquis le droit de dire cette vérité douloureuse. En courant se ranger sous les ordres de son ancien chef, en abandonnant pour lui un gouvernement que naguère elle avait juré de défendre, puisqu'elle avait consenti à prendre ses couleurs et à passer tous ses drapeaux, l'armée avait commis une action peu généreuse et peu digne de sa grande renommée. Que ses affections, ses souvenirs, le sentiment qu'elle avait de sa gloire ne lui eussent pas permis de tourner ses armes contre son illustre général et ses anciens compagnons de dangers et de victoire, cela ce conçoit; car on ne peut exiger de l'humanité une telle abnégation d'elle-même. Le soldat français, au reste, ne sera jamais une vile machine obéissant aveuglément à l'impulsion d'un chef. Mais il y avait loin, suivant nous, de cette sorte de neutralité à la défection dont l'armée donna l'exemple. La question entre les Bourbons et Napoléon ne devait être résolue que par le peuple; c'était son affaire. Mais de tels événemens, si fortement empreints du caractère de la fatalité et d'une puissance supérieure à l'intelligence de l'homme, ne sauraient sans doute être appréciés d'après les règles ordinaires de la raison. Quoi qu'il en soit, l'armée était travaillée par je ne sais quel esprit de vertige assez semblable aux actions irréfléchies d'un homme qui cherche dans le trouble même et le désordre des passions à étouffer dans son âme le sentiment d'une action dont le souvenir lui est pénible.

Napoléon avait trop de perspicacité, et il connaissait trop bien le cœur humain pour ne pas pressentir les conséquences fatales de cet état moral des esprits qu'il ne pouvait ignorer. Il avait sans doute confiance en lui-même, mais il avait besoin de celle de la nation; ce n'était pas trop de tenir dans les mains toutes les forces de la France au moment où un orage si terrible menaçait de tomber sur elle. Il ne pouvait se dissimuler que le concours de toutes les affections publiques, qui lui était nécessaire, n'existait déjà plus. Il plaignait sincèrement la France de se jeter ainsi volontairement au devant de tous les maux, et de laisser grandir dans son sein des élémens de guerre civile, quand la guerre étrangère pouvait l'anéantir. L'opposition peu mesurée de la chambre des représentans lui causait surtout une vive et douloureuse impression. Si quelquefois, s'efforçant d'étouffer dans son âme de sinistres pressentimens, il pensait qu'une grande victoire pouvait à la fois lui rendre toute son influence sur l'esprit public et son ancienne prééminence au dehors, il songeait aussi avec peine qu'il aurait à user de tout son pouvoir pour éteindre le feu que les discussions de la tribune allaient allumer. Napoléon avait sincèrement voulu le bonheur et la liberté de la France. Mais les circonstances étaient tellement changées d'une part, et de l'autre ses habitudes de pouvoir étaient si fortement enracinées dans son esprit que les premiers accens d'une opposition nationale et énergique y portèrent le trouble. Il redoutait le retour de l'anarchie, mais il y avait quelque chose de personnel dans cette opinion, et voici comment il s'exprima relativement à l'esprit qui s'était manifesté dans le sein de la chambre des représentans :

— J'aperçois avec douleur que les députés ne sont point disposés à ne faire qu'un avec moi, et qu'ils ne laissent échapper aucune occasion de me chercher querelle. De quoi ont-ils à se plaindre ? que leur ai-je fait ? *je leur ai donné* de la liberté à pleines mains... J'y mettrai du mien tant que je pourrai; mais s'ils croient faire de moi un soliveau ou un second Louis XVI, ils se trompent; je ne suis pas homme à me laisser faire la loi par des avocats, ni à me laisser couper la tête par des factieux.

Tel était celui qui était revenu pour rendre à la France toutes les conséquences de la révolution et affermir la liberté constitutionnelle. Il ne voulait pas renoncer ainsi tout à coup à l'exercice du pouvoir illimité, qui était comme inhérent à sa personne. Il ne sentait pas que la nation ne pouvait en même temps être libre et lui absolu. Cependant il aimait à s'entourer des grands corps de l'état, il y avait en lui quelque chose de national et de populaire; mais homme d'exécution et de volonté forte et spontanée, il s'alarmait malgré lui de la contradiction.

On put aisément remarquer que, depuis la cérémonie du champ de mai jusqu'au jour où il partit pour l'armée, Napoléon ne montra plus en public cet air de confiance et de calme que semblait lui inspirer, avec le sentiment de sa supériorité, la certitude du succès dans la lutte où il allait s'engager. Il paraissait triste et rêveur, et les acclamations de la multitude ne l'arrachaient plus à la mélancolie profonde qui l'accablait. Qui sait si, détrompé enfin sur les véritables causes de l'enthousiasme que son retour avait fait éclater, il n'éprouvait pas ce vide décourageant qui suit une grande déception? Qui sait si le pressentiment du sort funeste qui l'attendait ne venait pas troubler ses veilles, comme ce fantôme qui, dans les champs de Philippes, apparut au dernier Brutus, la veille du combat où la liberté romaine succomba pour toujours?

Voilà quel était vers le 12 juin 1815 la situation morale de la France; voilà quels étaient les vagues inquiétudes, les soupçons et les espérances du peuple, de l'armée et du grand homme dont la figure domine ce tableau frappant des illusions de la vie sociale.

La restauration avait considérablement affaibli l'armée; non-seulement le nombre des régimens avait été diminué, mais encore la plupart de ceux qui avaient été conservés ne présentaient que des cadres sans effectif. Les premiers soins de Napoléon s'étaient portés, dès son arrivée à Paris, sur cet objet important. Avant même qu'il eût entièrement perdu l'espérance de conserver la paix, il avait donné les ordres les plus pressans pour que l'armée fût remise sur un pied respectable et imposant. Rien n'était prêt pour cela. Le déplorable traité de 1814 avait mis à la disposition des étrangers un immense matériel d'artillerie, résultat de vingt années de victoires et des travaux perpétuels de nos arsenaux. L'équipement des troupes était dans un état complet de délabrement; on n'avait rien fait pour elles.

La sollicitude de Napoléon fut vivement secondée. En moins de deux mois l'armée fut portée à trois cent cinquante mille hommes; la cavalerie fut remontée, l'artillerie et le matériel furent promptement réorganisés. Ce changement s'était opéré comme par enchantement; l'enthousiasme de tous ceux qui avaient déjà porté les armes, et l'empressement des jeunes gens que le nom de Napoléon et l'amour de la patrie appelaient sous les drapeaux, furent immenses et spontanés. Il n'y eut besoin que d'un appel de l'empereur, et nul ne s'inquiéta alors de la légalité de cette levée d'hommes. Les arsenaux avaient repris toute leur activité, et cinq cent mille fusils furent aussitôt mis à la disposition du gouvernement. Un nombre considérable d'uniformes fut confectionné, et dans beaucoup de villes les femmes de toutes les classes de la société s'offrirent volontairement et travaillèrent sans relâche, pour coopérer aussi, de toutes les forces de leur sexe, à la défense du pays.

C'est à la fois une grave question de stratégie et de politique que celle de savoir si Napoléon, après avoir commis une grande faute en ne se portant pas brusquement en Belgique dès le 20 mars, n'en commit pas une plus grande en attaquant le premier au mois de juin, avant la réunion des forces considérables que le patriotisme français créait de toutes parts. L'organisation formidable des gardes nationales mobiles, surtout dans l'est et le sud-est de la France, s'opérait avec un dévouement et une ferveur dignes des beaux jours de la république; la conscription de 1815 et les engagemens volontaires augmentaient tous les jours les divers corps de la ligne, et encore deux mois plus d'un million d'hommes, vétérans et jeunes soldats, auraient pu de nouveau faire admirer à l'Europe la puissance prodigieuse de la patrie, et la sauver encore par la victoire.

Mais les militaires éclairés, ceux qui ont pu apprécier les dispositions de Napoléon pour cette courte et fatale campagne, sans méconnaître entièrement les avantages que l'empereur aurait pu retirer d'une plus longue temporisation, trouvent que son plan réunissait de prodigieuses chances de succès. Il avait le génie de Scipion et non pas celui de Fabius. Les armées anglaise, anglo-hollandaise et prussienne étaient seules rassemblées en Belgique; les Autrichiens paraissaient vouloir se concentrer en Italie; les préparatifs de la confédération du Rhin ne se poussaient que mollement, et l'innombrable armée russe était encore à plus de dix grandes journées des lignes de bataille des alliés. Napoléon pensa donc qu'en culbutant simultanément Wellington et Blucher, il s'ouvrait la barrière du Rhin, épouvantait les étrangers et se préparait les moyens de négocier avec avantage.

L'armée française était divisée en plusieurs corps. La grande armée, commandée par Napoléon en personne, était subdivisée en cinq fractions principales qui formaient un total d'un peu moins de cent mille combattans. C'est cette armée qui était dépositaire des destinées de la France, c'est elle seule qui allait se mesurer la première avec ses ennemis les plus acharnés et décider un grand avenir dans les plaines de la Belgique (1).

(1) Les autres corps étaient : 1° *l'armée des Alpes*, commandée par le maréchal Suchet, et forte d'environ douze mille hommes; 2° *l'armée du Rhin*, commandée par le général Rapp, et qui comptait environ dix-huit mille hommes; elle occupait les frontières de l'Alsace et avait en tête les Autrichiens; 3° *l'armée de l'Ouest*, sous le commandement du général Lamarque, et composée de dix-sept mille hommes; elle occupait la Vendée.

Vingt mille hommes, qui, comme ces corps d'armée, devaient être successivement augmentés des gardes nationales mobilisées et des troupes de ligne qui s'organisaient, étaient en outre répartis en quatre corps d'observation, que commandaient le maréchal Brune à Marseille, le général Clausel à Bordeaux, le

Napoléon, en proie aux vives inquiétudes que lui causaient l'esprit public et celui qui animait la majorité des deux chambres, car la chambre des pairs, quoique composée principalement des anciennes notabilités de l'empire, paraissait peu disposée à imiter la servile complaisance du sénat, arriva à Avesne dans la journée du 13 juin. L'armée célébra sa présence au milieu d'elle par des acclamations et des cris de joie qui tenaient du délire. L'espérance rentrait dans tous les cœurs déjà aigris par le nom de plusieurs généraux qui avaient cessé d'inspirer la confiance. Le soldat ne croyait qu'en Napoléon; il suffisait qu'il fût là pour qu'il oubliât toutes ses pré-

---

général Decaen à Toulouse, et le général Lecourbe à Béfort.

L'armée prussienne était forte de cent vingt mille hommes, dont dix-huit mille de cavalerie; l'armée anglo-hollandaise comptait cent deux mille cinq cents combattans. Ainsi la grande-armée avait affaire à une force à peu près double de la sienne. Les Prussiens avaient trois cents bouches à feu; les Anglo-Hollandais deux cent cinquante-huit; les Français trois cent cinquante.

ventions contre ses lieutenans. Un regard, un mot de lui équivalait à tous les ordres; son ascendant sur l'esprit de ses braves n'était pas diminué. Depuis long-temps et toutes les fois que Napoléon avait été sur le point de commencer quelques grandes entreprises militaires, il avait toujours eu le soin de parler à ses soldats. Cette précaution politique était excellente. Elle exerçait sur l'armée une influence morale salutaire et élevait le soldat jusqu'à son chef, en l'initiant pour ainsi dire à sa pensée. Le 14, l'ordre du jour de l'armée contint la proclamation suivante :

« Soldats !

«C'est aujourd'hui l'anniversaire de Marengo et de Friedland, qui décida deux fois du destin de l'Europe. Alors comme après Austerlitz, comme après Wagram, *nous fûmes* trop généreux, *nous crûmes* aux protestations et aux sermens des princes que *nous laissâmes* sur le trône. Aujourd'hui cependant, coalisés contre nous, ils en veulent à l'indépendance et aux droits les plus sacrés de la France. Ils ont commencé la plus injuste des agressions. Marchons donc à leur rencontre; eux et nous ne sommes-nous plus les mêmes hommes?

» Soldats! à Jéna contre ces mêmes Prussiens aujourd'hui si arrogans, vous étiez un contre trois, et à Montmirail un contre six! Que ceux d'entre vous qui ont été prisonniers des Anglais, vous fassent le récit de leurs pontons et des maux affreux qu'ils ont soufferts.

» Les Saxons, les Belges, les Hanovriens, les soldats de la confédération du Rhin, gémissent d'être obligés de prêter leurs bras à la cause des princes ennemis de la justice et des droits de tous les peuples. Ils savent que cette coalition est insatiable. Après avoir dévoré douze millions de Polonais, douze millions d'Italiens, un million de Saxons, six millions de Belges, elle devra dévorer les états du deuxième ordre de l'Allemagne. Les insensés! un moment de prospérité les aveugle; l'oppression et l'humiliation du peuple français sont hors de leur pouvoir! s'ils entrent en France, ils y trouveront leur tombeau.

»Soldats! nous avons des marches forcées à faire, des batailles à livrer, des périls à courir; mais avec de la constance, la victoire sera à nous, les droits, l'honneur et le bonheur de la patrie seront reconquis.

»Pour tout Français qui a du cœur le moment est venu de vaincre ou de périr! »

C'était pour la dernière fois que cette voix éloquente devait retentir dans les rangs de nos braves. Elle produisit son effet accoutumé sur ces hommes dévoués et dont l'audace intrépide, surtout à cette époque, n'avait pas besoin d'être excitée. Le sort en était jeté, dans quelques jours l'Europe allait reconnaître ses vainqueurs ou secouer le joug de leur longue prééminence militaire. Durant la nuit du 14 et le jour suivant l'armée devait marquer le commencement des hostilités, par une de ces attaques vives, spontanées, inatendues qu'elle avait vues si souvent couronnées par le succès. Napoléon avait à dessein dérobé autant que possible la position réelle des divers corps de l'armée; mais un incident grave, affligeant pour l'honneur de la France, vint retarder de quelques heures cette attaque importante et forcer l'empereur à changer brusquement les principales dispositions de son plan de campagne.

Oui, dans les rangs français il se trouva trois hommes assez lâches pour passer sous les drapeaux ennemis à la veille du combat. Dans cette fatale nuit du 14 juin le général Bourmont, chef d'état-major du quatrième corps, et qui en cette qualité devait avoir la connaissance *officielle* des prochains mouvemens de l'armée, avilit un caractère jusqu'alors honorable, en trahissant sa patrie et le prince, à l'indulgente faiblesse duquel il devait l'honneur d'avoir été revêtu de fonctions importantes. Ce général fut imité dans sa criminelle défection par les colonels Clouet et Villoutreys, et par deux autres officiers que l'obscurité de leurs noms et de leur grade a jusqu'à ce jour arrachés à la honte et à l'infamie qui doivent s'attacher à une conduite aussi odieuse.

Que Bourmont et ses complices fussent des

hommes dévoués au roi, et qu'ils aient agi ainsi par un faux sentiment de devoir et de fidélité, c'est ce qui ne peut être douteux, ou du moins ce qu'il est permis de penser pour consoler l'honneur militaire dégradé par une telle action. Mais cette considération ne peut excuser les coupables ni dans leur propre conscience, ni aux yeux de leurs concitoyens, comme elle ne peut adoucir le jugement de la postérité. L'histoire impartiale et juste flétrira ces trois noms et les condamnera à une douloureuse célébrité. Elle dira que des hommes fidèles au roi n'avaient pas besoin pour faire preuve de leurs sentimens de solliciter du service de son ennemi, afin que leur défection fût plus éclatante : une telle chose ne s'excuse pas, parce qu'elle est infâme.

Et cependant quel sera le langage de l'histoire, quand, reproduisant sous ses formes sévères les misères de notre vie politique pour instruire l'avenir, elle dira : qu'un gouvernement a méconnu les principes de la morale publique et méprisé une grande nation, au point d'avilir les honneurs et les hautes fonctions de l'état en appelant de tels hommes au pouvoir (1)?...

La défection de Bourmont, investi d'un haut grade militaire, réveilla avec plus de force les préventions que l'armée nourrissait

---

(1) Les hommes impartiaux ont seuls le droit de tout dire; le langage des factions, toujours passionné, est toujours injuste. Nous avons jugé sévèrement Ney et Labédoyère, dont la conduite avant le 20 mars ne nous a pas paru exempte de reproches; nous n'avons pu rester maîtres de notre indignation et de notre douleur, en présence des tristes souvenirs du 14 juin. Cependant, d'après des renseignemens positifs qui nous ont été communiqués sur cette fatale affaire, nous devons déclarer que M. de Bourmont n'ajouta point à ce que sa conduite avait d'odieux en livrant à l'ennemi les plans de Napoléon, crime dont il a été souvent accusé. Au reste, sa position comme chef d'état-major ne le mettait peut-être à même de bien connaître que les dispositions du 4e corps auquel il était spécialement attaché; mais il est probable qu'il n'ignorait aucune des intentions de l'empereur. D'ailleurs M. de Bourmont fut très-mal reçu de l'autre côté de la Sambre, et l'on assure qu'un prince du sang lui dit : — Monsieur, il est trop tard, ou il est trop tôt. Walter Scott ne parle pas de cet incident, et cela se conçoit.

contre la plupart de ses généraux. Elle produisit sous ce rapport l'effet le plus déplorable en jetant la défiance entre les chefs et les soldats; en faisant penser à ces derniers que l'empereur lui-même ne recevait que de faux renseignemens et marchait environné de traîtres qui vendaient tous ses secrets à l'ennemi. Dans ces circonstances, il fallait une victoire éclatante pour guérir l'armée du mal qu'elle éprouvait; un revers devait la perdre sans retour.

Cependant les soldats français, toujours impatiens de voir l'ennemi, toujours braves au moment du danger, passèrent la Sambre sur divers points le 15 juin aux premiers rayons du jour, avec leur ardeur accoutumée. Quelques avant-postes prussiens qui firent mine de résister à ce mouvement furent sabrés et mis en déroute. La cavalerie balaya les chemins et dispersa devant elle les régimens d'infanterie ennemie qui essayèrent de conserver un moment leurs positions. Malgré leur forfanterie, les Prussiens en assez grand nombre prirent la fuite devant une poignée de Français. Trois cents prisonniers et un drapeau furent le prix du courage du seul régiment de hussards qui fut employé à exécuter cette charge d'avant-garde.

Les Prussiens furent suivis de si pres et l'attaque avait été si imprévue qu'ils n'eurent le temps de couper aucun pont derrière eux, et les Français entrèrent dans Charleroi aux acclamations du peuple. Les scènes de Grenoble et de Lyon se renouvelaient en Belgique, et les populations de ces contrées, liées à la France par le langage et les souvenirs d'une antique et commune origine, saluèrent avec enthousiasme le retour de ces aigles qui devaient les rendre à la grande nation.

Les Prussiens repoussés vigoureusement de toutes les rives de la Sambre se formèrent en bataille sur les hauteurs de Fleurus, où leurs généraux parvinrent à les rallier. Les avantages de cette position leur rendirent l'assurance insolente qu'ils montraient depuis les événemens de 1814, et que l'intrépidité française venait déjà de troubler. L'armée de Napoléon s'empara avec une sorte de respect religieux des lignes opposées, immortalisées vingt-cinq ans auparavant par une des premières victoires de la France régénérée.

A peine l'empereur eut-il reconnu le terrain et donné l'ordre de l'attaque, que nos braves saldats s'élancèrent sur l'ennemi aux cris de Vive l'empereur! vive la France! On vit des régimens de ligne, composés en partie de nouvelles recrues, gravir les collines protégées par l'artillerie prusienne, l'arme au bras et en répétant l'hymne admirable de Chénier:

La Victoire en chantant nous ouvre la barrière...

Les vétérans de nos armées, les anciens officiers généraux qui avaient vieilli dans les camps avec la gloire de la France s'embrassaient avec transport, et se félicitaient mutuellement de voir dans nos jeunes soldats cette sainte ferveur qui avait enfanté nos belles journées. Ces chants patriotiques et inspirateurs, ces beaux drapeaux tricolores, ces souvenirs de Fleurus, étaient bien faits pour toucher des cœurs vraiment français et mouiller leurs paupières de pleurs d'enthousiasme et d'attendrissement. Les Prussiens ne résistèrent pas sérieusement pour le malheur de la France, car si la bataille eût duré plus longtemps, la plus grande partie de l'armée de Blucher tombait sous la baïonnette de nos soldats enthousiasmés. La garde impériale s'avança sur un chemin déjà frayé par la victoire; cette formidable réserve n'eut pas besoin de donner. Mais le lendemain elle devait, sur le plateau de Ligny, conquérir sa part de gloire, et associer son nom pour la dernière fois à un fait d'armes admirable.

Telle fut la seconde bataille de Fleurus qui satisfit l'armée; heureuse d'avoir vu fuir devant elle ces mêmes Prussiens qui, malgré la sanglante leçon de Jena, osaient encore insulter à nos aigles et méconnaître la valeur des Français. Cette affaire, dont la fortune jalouse ne tarda pas à détruire les heureux résultats, enivra la France d'enthousiasme et d'espérance, et rendit à nos soldats la sécurité que la trahison avait déjà bannie de leurs rangs.

L'indolent et circonspect Wellington, car il

est temps de parler des adversaires de Napoléon, attendait à Bruxelles, au milieu des fêtes et des plaisirs, le commencement des hostilités. Les courriers de Blucher le trouvèrent au bal; sur les avis réitérés et les pressantes sollicitations du général prussien, il se décida enfin à faire sortir ses troupes de leurs cantonnemens, et se hâta d'occuper les lignes destinées à l'armée anglaise dans le plan de campagne des alliés. Ces deux généraux, à qui le congrès avait commis avec un pouvoir à peu près égal le soin d'appuyer ses déclarations par la force des armes, étaient d'un caractère bien différent, et dans la vie privée et sur le champ de bataille.

Wellington, qu'une pitoyable exagération d'esprit national a osé comparer en Angleterre à Napoléon lui-même sous le rapport des talens militaires, était un tacticien timide, que la fortune servit toujours d'une manière extraordinaire. Il n'était guère connu avant la longue guerre d'Espagne, où son intervention, appuyée de l'opinion du pays, fut en dernière analyse funeste pour la France. Mais une circonstance singulière qui marque la vie de cet homme, c'est qu'alors même que les troupes françaises furent forcées de se retirer devant lui, la gloire était encore pour elles, et les succès de Wellington furent toujours dépouillés de ce prestige éclatant qui environne la victoire. Il n'a pas un fait d'armes, pas une seule inspiration militaire dont il puisse se prévaloir, et cependant son nom vivra dans la postérité; il prit part à la dernière journée de Napoléon, et l'immortalité de ce grand homme rejaillira sur lui.

Lord Wellington, dont la médiocrité n'est peut-être si apparente qu'à cause du haut rang où sa naissance et la constitution féodale de son pays l'ont fait monter, est le type monumental du torysme britannique. L'orgueil et l'inflexibilité de l'aristocratie anglaise se retrouvent en lui au degré le plus éminent. Son cœur est froid comme sa tête; ce n'est là ni un héros, ni un homme qui ait été fait pour l'avenir. Cependant on doit dire que ce général, dont la conduite politique offre tant de contradictions peu honorables, s'est toujours montré avare du sang de ses soldats; il est sous ce rapport du petit nombre de ceux qui, en faisant le métier de la guerre, ont songé quelquefois aux droits de l'humanité.

Son impétueux collègue, le feld-maréchal Blucher, était un homme d'audace et d'exécution; véritable lansquenet germanique, il avait le courage et les mœurs d'un soldat ignorant. C'était un vétéran de cette armée modèle formée par le grand Frédéric, dans des idées de conquête et d'envahissement. Il avait conservé quelques traditions militaires de son ancien chef. Blucher aimait la gloire comme un Vandale; au milieu des ruines et du sang. Il nourrissait contre la France une injuste et longue antipathie, et, vaincu tant de fois par Napoléon, sa haine contre lui n'était ni d'un guerrier, ni d'un homme de cœur. La conduite violente que ce général a tenue en France durant le cours des deux invasions, attirera sur son nom les malédictions de la postérité. Dur, injuste, passionné, Blucher a souvent déshonoré la victoire par des cruautés inutiles. La férocité de son âme fait oublier sa bravoure. Son courage brutal, qui au reste le rendait sans crainte pour lui-même, lui faisait mépriser le sang des soldats. C'était ainsi un chef aussi dangereux pour ses ennemis que pour son propre pays.

Wellington et Blucher, à la tête d'une armée, agissant dans le même but, devaient succomber devant Napoléon, qui réunissait en lui seul tous les talens d'un général et les hautes qualités d'un héros. La providence, dans ses impénétrables desseins, confondit en quelques heures toutes les prévisions de son génie pour donner la victoire à ses adversaires. C'est ce résultat si incroyable qui, après Waterloo, inspira à un simple soldat ces mots d'une naïveté énergique et profonde : « Le bon Dieu avait peur de lui! »

Le succès de Fleurus agrandit les lignes d'opération de l'armée française, car l'approche des Anglais nécessita un grand mouvement sur sa gauche. Napoléon confia au maréchal Ney le commandemant de cette importante manœuvre, qui devait, en repoussant Wellington sur Bruxelles, isoler Blucher et le livrer à Napoléon. Le maréchal Grouchy, à la tête d'un corps nombreux de cavalerie, devait tourner à notre extrême droite la position des Prussiens. Le 16 juin était le jour arrêté dans la pensée de Napoléon pour exterminer les deux armées alliées et remettre le pied sur l'Europe. Dès le matin tout sembla se disposer pour amener ce grand résultat.

Blucher avait rallié son armée sur les hauteurs de Ligny, et son centre, appuyé d'une artillerie formidable, en occupait les murs crénelés. L'affaire s'engagea bientôt sur tous les points, mais avec des chances différentes; car le génie de la victoire, qui planait sur le centre de l'armée française, ne pouvait inspirer en même temps les chefs de son aile droite et de son aile gauche.

Le village de Saint-Amand en avant de Ligny fut enlevé à la baïonnette par nos soldats; mais l'intrépide Blucher, ranimant le courage des Prussiens, se porta sur cette localité avec une partie de ses forces. Les Français soutinrent long-temps dans le cimetière du village un combat inégal avec une valeur digne de leur haute renommée. Cependant ils allaient succomber lorsque le général Drouot, fondant à l'improviste sur le champ de bataille avec quelques batteries de la vieille garde, força la victoire de saluer encore nos drapeaux et nos aigles.

Dès ce moment tous les efforts de Blucher durent tendre à conserver Ligny, et un combat terrible, inouï dans les fastes sanglans de la guerre, s'engagea aussitôt sur ce point. Le feu de cinq cents pièces d'artillerie ébranlait la terre, et remplissait les airs d'une épaisse fumée; les cris de fureur et le bruit de la mousqueterie de cent cinquante mille hommes qui se battaient corps à corps causèrent durant plusieurs heures un effroyable tumulte. Sept fois les lignes ensanglantées de Ligny furent tour à tour prises et reprises par les Français et les Prussiens. Tout le monde faisait son devoir, et les soldats de Frédéric-Guillaume, à part la supériorité de leur nombre, rivalisèrent long-temps de courage et d'intrépidité avec les glorieuses phalanges de Napoléon, avec les enfans de la France.

Cependant le maréchal Ney n'exécutait que partiellement les ordres péremptoires qu'il avait reçus de Napoléon, et qui durant le cours de cette grande journée lui furent réitérés plusieurs fois. Ce ne fut qu'après douze heures de marches et de contre-marches inutiles qu'enfin il se jeta avec furie sur les Anglais et les Belges qu'il avait en tête. Sa funeste préoccupation avait donné le temps au prince d'Orange d'opérer un mouvement important qui compliquait singulièrement la position réciproque des deux armées, et Wellington lui-même avait pu accourir sur le terrain avec des renforts considérables. Cette position militaire, célèbre à jamais sous le nom des *Quatre-Bras*, fut alors disputée avec un acharnement opiniâtre et terrible. Les braves Écossais et les Belges commandés par le prince d'Orange balancèrent long-temps la victoire, que la longanimité du maréchal Ney avait désormais rendue douteuse. S'il montra encore dans cette circonstance cette bouillante valeur qui lui avait autrefois mérité le surnom le plus beau qu'un soldat puisse envier, il ne donna aucune preuve de ce sang-froid et de cette précision si nécessaires dans un chef.

Un soldat écossais, remarquable par sa

haute stature et la vigueur héroïque de ses formes, avait vu tomber blessé un de ses compatriotes, qui, par suite d'une évolution militaire, se trouva dans un de nos carrés. C'était son frère ou son ami, mais c'était un homme de son clan qu'à coup sûr il aimait avec tendresse. Peut-être que dans les arides vallées de sa patrie il s'était souvent assis avec lui sur les bords des torrens et des lacs, et qu'une douce sympathie les unissait dès l'enfance. Le brave montagnard se présente seul devant les Français avec l'intention manifeste d'arracher d'entre leurs mains son compatriote gravement blessé. Il se jette au milieu des rangs avec le courage du désespoir; les rangs s'ouvrent devant lui, il charge sur ses épaules son compagnon expirant, et reprend aussitôt le chemin dangereux par où il était arrivé. Nos généreux soldats, pour que l'histoire ne puisse pas les accuser d'avoir jamais été surpassés en bravoure et en générosité, ouvrirent de nouveau passage à ces deux hommes, qu'un tel dévouement leur rendait sacrés. Ils cessèrent le feu sur ce point, et frappant dans leurs mains, il s'écrièrent : *Bravo! Écossais! vive l'Écosse!*

La bataille rugissait toujours avec la même fureur du côté de Ligny. Le sang ruisselait de toutes parts, et jamais spectacle plus affreux, plus épouvantable ne rendit la gloire plus sacrilége et plus atroce aux yeux des hommes, que l'habitude de ces horribles luttes n'a pas entièrement dénaturés. Napoléon soutenait par sa présence le courage indomptable de ses soldats; plus la résistance était grande, plus la victoire lui paraissait nécessaire, et il ne lui était pas possible de céder à l'ennemi pour arrêter l'effusion du sang. Il fallait, c'était une règle du cruel jeu de la guerre, que nos bivouacs fussent établis le soir même sur ce fatal plateau de Ligny. Aux approches de la nuit, le mouvement prescrit à Ney, et sur l'exécution duquel l'empereur avait entièrement compté, n'ayant pas encore eu lieu, il expédia ordre sur ordre pour que le corps du général d'Erlon, se détachant de l'armée du maréchal, pût arriver en toute hâte sur Ligny. Cette opération ne s'effectua pas davantage. Alors la vieille garde, gravissant les collines sanglantes de Ligny, vint décider le sort de cette journée. Exaspérée par la longue résistance des Prussiens, la garde se précipita sur eux comme l'aigle sur sa proie, aux cris de Vive l'empereur! point de quartier! Animés par l'exemple de cette colonne redoutable, les autres régimens de l'armée, exténués de fatigue, se jetèrent de nouveau au milieu du carnage. Ce fut là que tomba le brave Girard, et cette perte cruelle ne fut pas la seule que l'armée française eut à déplorer en contemplant le champ de sa terrible victoire.

Blucher, qui s'était conduit en général habile et en soldat intrépide, donna enfin le signal de la retraite, et après avoir roulé plusieurs fois sous les chevaux de nos cuirassiers, retrouva encore assez de force et de sang-froid pour régulariser sa retraite. Mais les Français poursuivirent les Prussiens l'épée dans les reins, ils quittèrent enfin le champ de bataille et s'enfuirent en désordre.

Tandis que la victoire était achetée si chèrement à Ligny, le maréchal Ney voyait se retirer aux Quatre-Bras un ennemi qu'il n'avait pu vaincre. Un moment son armée tout entière avait failli succomber. Une charge de cavalerie qui avait été repoussée par une nuée de tirailleurs anglais cachés dans le bois de Bossu, apporta quelque trouble dans nos lignes. Les lâches et les traîtres qui environnaient nos drapeaux, firent entendre le cri de *Sauve qui peut!* Tout était perdu; mais tout à coup un homme illustre, qui bientôt après devait, en défendant à la tribune la liberté de la France, surpasser encore sa renommée militaire, le général Foy, à la tête de la division d'infanterie qu'il commandait, arrêta les fuyards et rétablit l'ordre de la bataille. Le maréchal Ney, désespéré de voir Wellington s'éloigner en bon ordre, se jeta avec une sorte de rage sur l'affût d'un canon, et invoquait la mort qui demeura sourde aux cris de sa généreuse douleur. Elle l'attendait ailleurs et dans une journée moins belle.

La bataille de Ligny n'eut point les résultats que Napoléon en attendait. Les pertes des Prussiens, évaluées à vingt-cinq mille hommes dans les rapports officiels de leurs généraux, avaient été compensées, sinon par celles de notre armée, du moins par la non réussite de l'attaque des Quatre-Bras. Blucher était en pleine retraite; mais l'armée anglaise, à peine entamée, pouvait rétablir ses communications avec les Prussiens. L'empereur résolut d'écraser Wellington avant que ce mouvement pût s'exécuter. Il rallia sa gauche au centre et à la réserve, et détacha trente-six mille hommes sous les ordres du maréchal Grouchy, qu'il chargea de poursuivre les Prussiens. Ce général devait, après être parvenu à une certaine distance, faire une brusque conversion, et se porter rapidement en passant la Dyle sur les derrières des Anglais, et lier ainsi ses opérations à celles du gros de l'armée.

Il faut bien se rendre compte de l'importance de cette manœuvre, pour comprendre avec quelles chances de succès la victoire échappa à Napoléon dans la funeste journée du 18. Cette évolution militaire, qu'en l'absence de toutes connaissances stratégiques une simple inspection de la carte rend palpable et claire comme la marche des pions sur les cases d'un échiquier, ne fut malheureusement point exécutée comme elle avait été conçue.... Mais un moment encore, et ne devançons point la marche du temps en nous laissant entraîner par ces douloureux souvenirs.

Les diverses dispositions que nécessitait le nouveau plan de l'empereur remplirent à peu près tous les intervalles de la journée du 17. Le silence menaçant qui suivait la bataille de Ligny ne fut interrompu de temps en temps que par le retentissement successif de quelques coups de fusil échangés entre les tirailleurs des deux armées. Par un étrange concours de circonstances funestes et inexplicables, aucunes mesures n'avaient été prises pour assurer la subsistance de l'armée. Elle arrivait dans un pays qui avait été occupé tour à tour par les Anglais et les Prussiens, et qui ne présentait aucune ressource : aux portes de la France nos soldats manquèrent de pain. Dans la nuit du 17 la pluie tomba avec abondance, et l'armée, déjà accablée de fatigues, ne put goûter un moment de repos. Elle éprouvait dans cette campagne de trois jours tous les fléaux qui suivent les guerres lointaines.

Le 18 juin se leva; le temps était sombre et pluvieux; d'épaisses vapeurs, s'exhalant des bas-fonds de ces contrées humides et marécageuses, chargeaient l'atmosphère. Elles se dissipèrent lentement, et Napoléon put reconnaître l'armée de Wellington. Il s'aperçut avec étonnement que depuis le 16 au soir elle n'avait point changé de position; ce qui semblait annoncer de la part de son chef l'intention formelle d'accepter une bataille avec ou sans le secours de Blucher. Les avant-postes anglais s'étaient établis dans la forêt de Soignes, lieu où notre cavalerie avait cessé de les poursuivre après l'affaire des *Quatre-Bras*. Le centre de l'armée anglaise s'appuyait au village de Mont-Saint-Jean, qui domine la plaine de Waterloo; ses ailes droite et gauche s'étendaient la première jusqu'à Hougoumont, grande ferme entourée de bois; la seconde dépassait les hameaux de Terre-la-Haie et de Merke-Braine. Ce pays, coupé par des ravines profondes, semé de bois et de haies fortes et vivaces, est d'un aspect triste et sauvage. La position qu'occupait Wellington avait été habilement choisie; elle paraissait inexpugnable, d'autant plus que, n'ayant probablement pas connaissance du mouvement ordonné à Grouchy, il pouvait croire que le flanc de son armée opposé à la droite des Français était protégé par Blucher. L'événement justifia une prévision qui aurait dû être si funeste à ce général.

En parcourant les lignes, l'empereur avait laissé tomber ces paroles solennelles : Nous allons avoir ici une grande bataille ! Nos soldats n'avaient été abattus ni par la lutte sanglante de Ligny, ni par la pluie qui avait inondé leurs bivouacs, ni par le manque absolu de vivres. Ils étaient à quatre lieues de Bruxelles, où ils espéraient le soir même pouvoir réparer ces premières fatigues de la guerre. Napoléon était au milieu d'eux, et les Anglais, contre lesquels les excitait une haine nationale ancienne et invétérée, se trouvaient à la portée de leurs canons. Ils montraient encore toute l'ardeur qui les avait animés dès le commencement des hostilités, et saluant leur empereur des plus vives acclamations, ils lui demandèrent à grands cris de les conduire au combat ; ils allaient être satisfaits.

L'armée anglaise était forte de quatre-vingt-dix mille hommes, et occupait une formidable position, défendue par deux cent cinquante bouches à feu. Soixante-sept mille Français seulement devaient les attaquer et soutenir tous les efforts de cette lutte décisive.

Ce fut vers midi, et quand Napoléon put penser, d'après le laps de temps qui s'était écoulé depuis l'expédition de ses ordres au maréchal Grouchy, que son mouvement était exécuté ou du moins sur le point d'être accompli, qu'il donna le signal de l'attaque : et bientôt l'engagement le plus sérieux eut lieu sur plusieurs points.

Les soldats français marchèrent en avant avec leur assurance accoutumée; l'empereur, placé sur un mamelon assez élevé qui dominait l'ordre de bataille de notre armée, pouvait suivre des yeux tous leurs mouvemens. L'attaque commença sur Hougoumont, dont les bois étaient remplis de tirailleurs anglais. Elle était dirigée par Jérôme Bonaparte, qui, précipité du rang des rois par l'inconstance du sort, allait redemander sa couronne à la victoire, et se montrer digne de la porter en imitant la valeur des soldats français. Dans le même moment le maréchal Ney attaquait, avec la valeur éclatante qu'il avait montrée dans tant de combats, le plateau du Mont-Saint-Jean. Le sort de la patrie n'était plus entre ses mains, l'œil du maître le suivait. Le sort ne favorisa point également ces deux attaques. Après une vigoureuse résistance de la part des Anglais, qui s'étaient battus corps à corps avec nos soldats, les bois d'Hougoumont avaient été emportés; mais Ney, malgré d'héroïques efforts, n'avait pu entamer le centre de l'armée anglaise ni s'emparer du mont Saint-Jean.

Le combat durait environ depuis une heure, lorsque Napoléon apprit que le général prussien Bulow, à la tête de trente mille hommes, allait arriver sur le champ de bataille pour tomber sur notre droite. Cette nouvelle ne lui causa aucune inquiétude; ce corps, suivant lui, allait avoir affaire à celui de Grouchy, qui lui était supérieur en force, et par conséquent s'il échappait à ce général, qui devait le prendre en flanc, il ne pouvait dans tous les cas arriver à temps. Néanmoins, et par un excès de prévoyance, il renouvela les ordres qu'il avait réitérés dès le matin et qui furent envoyés par duplicata au maréchal Grouchy. Complétement tranquille sur ce point, l'empereur ordonna au maréchal

Ney de recommencer son attaque sur le Mont-Saint-Jean, attaque qui fut appuyée par quatre-vingts pièces de canon. Ce moment fut terrible et le carnage affreux. La brave armée anglaise résista quelque temps au courage emporté de nos soldats; mais enfin écrasée de toutes parts elle fut obligée d'abandonner ses lignes dont les Français s'emparèrent aussitôt.

Ce fut une dernière illusion de la victoire. Les drapeaux étaient déployés, la musique des régimens jouait les airs inspirateurs des temps de liberté, et les cris de Vive l'empereur, qui retentissaient au loin sur le champ de bataille, déjà illustré par la valeur française, étouffaient les plaintes des mourans. Des traits nombreux de patriotisme et de courage marquèrent cette heure d'enthousiasme militaire. On voyait des soldats blessés mortellement se relever encore pour faire feu sur les Anglais, et exhaler leur dernier soupir en prononçant le nom de Napoléon. Les blessés noyés dans leur sang, excitaient leurs compagnons au courage et à la vengeance; ils mouraient comme ils avaient vécu, en entendant des chants de victoire. Heureux furent ceux qui succombèrent les premiers! du moins ils n'eurent pas à désespérer de la patrie, et la douleur d'une horrible défaite ne troubla pas leurs derniers instans!

L'affaire paraissait décidée, plusieurs charges de la cavalerie anglaise avait été vigoureusement repoussées, un désordre extrême régnait dans l'armée de Wellington, et ce général, cédant à la force des circonstances, paraissait se disposer à effectuer sa retraite. Napoléon se préparait à borner ses nouvelles résolutions à empêcher ce mouvement; il ne voulait pas qu'un seul Anglais lui échappât. Déjà la vieille garde s'ébranlait pour achever la déroute de l'ennemi. Napoléon et ses lieutenans ne doutaient pas de la victoire, l'armée tout entière se livrait à la joie : elle venait d'ajouter une page brillante à sa glorieuse histoire.

Tout à coup Napoléon est instruit de l'arrivée de Bulow : il ne pouvait se rendre compte de la marche de ce corps, et il commença à s'inquiéter du retard de Grouchy. Il fallait qu'il eût été tourné, et l'empereur envoya à ce général ordres sur ordres pour le prévenir de cette fâcheuse circonstance et lui prescrire d'arriver à la course sur le champ de bataille... Ces ordres ne lui parvinrent point!...

Les Anglais ne tardèrent pas à reprendre l'offensive, et ce fut alors que le maréchal Ney termina pour ainsi dire sa carrière militaire par un des plus beaux faits d'armes qui puissent honorer sa mémoire. Mais il agit intempestivement, sans consulter l'empereur, et emporté par sa bouillante ardeur, il chargea l'ennemi à la tête d'un corps de cuirassiers, sabra les canonniers sur leurs pièces et s'empara de tout le plateau du Mont-Saint-Jean, où jusqu'à ce moment nos troupes n'avaient pu s'établir.

Napoléon ne jugea point des résultats de cette charge brillante, comme l'armée, qui applaudit avec force à ce trait de bravoure imprudente. L'événement ne tarda pas à justifier ses craintes et son mécontentement. Ce mouvement changea une partie des dispositions de l'empereur; nos premières lignes se trouvaient engagées et rompues dans plusieurs endroits, il n'y avait plus d'unité dans leur action, et elles reçurent le feu des batteries ennemies, qui commencèrent à jeter le désordre dans nos rangs. La droite de l'armée française n'était pas dans une meilleure position; elle manquait de munitions, et un mouvement d'hésitation s'y faisait déjà sentir. La fortune avait changé; nos troupes harassées, découragées, commençaient à plier; leur feu n'était plus ni aussi vif ni aussi soutenu. Une de ces grandes et soudaines inspirations que Napoléon avait si souvent trouvées sur le champ de bataille pouvait seule nous sauver : mais Grouchy n'arrivait pas!...

La garde impériale, qui formait la réserve et qui était restée sous la main de Napoléon, reçut alors l'ordre de se porter en avant, tandis que Ney marchait à la tête de quatre bataillons de ce corps formidable pour soutenir nos cuirassiers demeurés les maîtres du Mont-Saint-Jean. Ces soldats, enflammés par la présence de l'empereur et par les chaleureuses allocutions de leurs généraux, s'avancèrent avec une admirable résolution sous le feu terrible des batteries ennemies.

Tout à coup le bruit d'une vive fusillade se fit entendre. On ne douta pas que ce ne fût enfin le corps du maréchal Grouchy, qui, comme celui de Desaix à Marengo, venait nous assurer la victoire. Le bruit s'en répand avec rapidité dans tous les rangs; il rend l'espoir et le courage à cette armée, qui, jusqu'à ce moment, avait fait tant d'héroïques efforts. Les cris En avant! en avant! se font entendre de toutes parts. L'empereur est trompé lui-même par de décevantes apparences, et il annonce aussitôt que la victoire est à nous!... Mais Grouchy n'arrivait pas!... Un corps considérable de Prussiens venait nous prendre en flanc et marchait droit à notre armée épuisée, harassée par six heures d'un combat désespéré.

La cavalerie délogée par ce corps de toutes les positions qu'elle occupait, se retira précipitamment, et porta à l'extrême le désordre qui existait déjà dans les rangs de l'infanterie. Wellington profita de cette déplorable circonstance, et fit charger à propos toute sa cavalerie... Dès ce moment tout fut perdu, l'armée se débanda, et nos soldats si fermes, si intrépides à Ligny et durant toute cette journée, s'enfuirent en tumulte. On dit qu'au milieu de cette horrible mêlée, des cris inspirés par la trahison et la malveillance augmentèrent l'épouvante de nos soldats, qui se croyaient coupés et livrés à l'ennemi. La nuit descendait rapidement sur cette scène de carnage: elle fut favorable aux Anglais et aux Prussiens; ils se baignèrent à loisir dans le sang de nos soldats dispersés, qui ne pouvaient plus reconnaître leurs drapeaux ni entendre la voix de leurs chefs.

Du haut du mamelon qu'il n'avait pas quitté, Napoléon contempla avec une douleur profonde mais résignée, cet horrible désastre. Il sentit que le moment était venu pour lui de mourir les armes à la main. Que ceux qui l'ont accusé d'avoir abandonné trop tôt ses héroïques soldats, le voient à cette heure terrible, s'efforçant encore de lutter contre la fortune. Il se jeta avec ses aides-de-camp au milieu de ces bataillons qui fuyaient en tumulte; mais sa voix puissante ne put se faire entendre dans ce moment d'épouvante et d'horreur. Aucune force humaine ne pouvait plus changer l'inexorable arrêt du destin. Alors Napoléon vint se réfugier dans le dernier bataillon de sa garde, commandé par Cambronne, qui fût encore debout sur le champ de bataille. Le reste de la réserve avait été écrasé. Les braves grenadiers étaient morts ou avaient été entraînés par le mouvement général qui avait désorganisé l'armée.

En ce moment suprême, Napoléon se retrouve au milieu de ses plus intrépides guerriers. Ce bataillon contenait encore quelques soldats d'Arcole, d'Egypte et de Marengo. C'étaient ses compagnons de l'île d'Elbe. Leur baïonnette fidèle est le dernier rempart de l'empereur dont elle a commencé la gloire. Ils méritaient tous de mourir en héros. Ils ont juré qu'ils ne quitteraient pas le champ de bataille, et leur sang fut toujours prêt à sceller la sainteté de leur parole. Napoléon veut mourir avec eux. Pour la première fois ils désirent se séparer de lui, pour la première fois ils ne veulent pas avoir la même destinée. Ils se rangent autour de leurs aigles, et supplient l'empereur de s'éloigner de ce champ ensanglanté où la mort plane en souveraine. Napoléon est contraint par ses amis, qui l'entraînent en pleurant, de recevoir le dernier adieu, l'adieu éternel de ses nobles compagnons... Il part, et les braves se serrant les uns contre les autres, crient encore Vive l'empereur! et marchent à l'ennemi. Ils sont bientôt cernés de toutes parts, mais ce redoutable bataillon suspend encore la victoire. Ils se font autour d'eux un rempart des corps expirans de leurs ennemis... Anglais et Prussiens, reconnaissez les vieux soldats de la liberté aux coups terribles qu'ils vous portent en mourant. Tous se réunissent contre eux. Le féroce Prussien veut se jeter sur cette noble proie qui se débat sous la mitraille sanglante; l'Anglais plus généreux, plus digne de la victoire, est saisi de respect en présence de tant de dévouement et de courage.

— Braves Français! s'écrie un de leurs officiers, rendez-vous!

— La garde meurt et ne se rend pas! répond un de ces héros d'une voix ferme et assurée.

Ces paroles admirables sont les dernières qu'ils prononcent, un feu terrible est dirigé contre eux, ils tombent!... Derniers soutiens de la gloire française, adieu donc pour toujours! que Dieu vous fasse paix dans cette terre étrangère où vous avez succombé (1).

(1) Le tableau qu'on a essayé de tracer de cette funeste bataille du 18 juin 1815, est le résultat de l'étude approfondie des meilleures relations que nous en ayons, et des communications particulières dont plusieurs officiers-généraux, qui ont assisté à cette affaire, ont bien voulu nous honorer. Il n'entrait pas dans le plan de cet ouvrage de rendre compte de tous les mouvemens stratégiques de l'armée; cependant il nous a été impossible de passer sous silence la fatale manœuvre de l'officier qui commandait notre aile droite, et auquel Napoléon avait remis le secret de la victoire. Le caractère honorable et les hautes qualités de M. le maréchal Grouchy ne permettent pas un instant de douter de sa loyauté. On serait désolé d'avoir involontairement jeté quelque nuage sur sa réputation, qui l'a fait absoudre par toute la France. La fatalité, qui préside au sort des empires, s'est montrée cruelle envers nous à la bataille de Waterloo. Les conséquences de la victoire auraient été incalculables, et il est douloureux de penser qu'une erreur, ou un malentendu, a, en moins de quelques heures, frappé la plus haute re-

Waterloo! Waterloo! que ton nom soit maudit! Que de braves Français sont morts dans tes champs où la victoire nous abandonna! Oh! quel sang généreux a inondé tes ravins dans cette journée fatale où l'élite de nos soldats fut anéantie! Non, il n'y a pas assez de larmes pour leur infortune; le deuil de leur perte, qui se fera long-temps sentir, ne saurait être assez porté. Nous ne les verrons plus ces braves vétérans qui étaient notre orgueil et notre espérance; ils sont morts du trépas des héros, et ce souvenir glorieux est le seul qui vienne maintenant adoucir l'amertume de nos regrets. Mais quelles brûlantes expressions la douleur peut-elle inspirer en présence de tels souvenirs? Un silence sombre et mélancolique, des larmes qui sortent du cœur, doivent seuls témoigner de la tristesse des pensées qu'ils

nommée de notre âge et changé tout l'avenir de notre patrie!... Il est bien avéré aujourd'hui que l'inexécution du mouvement prescrit au maréchal Grouchy a été la seule cause de la perte de la bataille, dont la charge sur le mont Saint-Jean, commandée par le maréchal Ney, avait déjà compromis le sort. C'est un malheur qui ne porte aucune atteinte à l'honneur de ces braves généraux; mais c'est un fait.

inspirent. Braves et malheureux Français qui êtes morts le 18 juin 1815, que vos mânes sacrées ne frémissent point dans la tombe de notre long repos. Le soleil se lèvera un jour sur vos ossemens blanchis pour saluer le réveil de la France guerrière. La victoire reviendra à nous qui avions tant fait pour elle ! l'Angleterre et la Prusse nous doivent une journée... Nous nous reverrons !

Un faible crépuscule jetait à peine quelques douteuses clartés sur cette scène de carnage et de désolation. L'armée victorieuse des alliés poursuivait au loin les débris des bataillons français. A cette heure, une femme errait au milieu des cadavres dans le ravin où la vieille garde avait fini sa prodigieuse carrière. Elle était grande et maigre, ses cheveux souillés de poussière et de sang tombaient sur sa poitrine meurtrie. La sombre pâleur qui couvrait son visage, empreint d'une lugubre douleur, faisait ressortir davantage les pommettes osseuses de ses joues sillonnées par le temps. Elle portait un havresac en toile, et une gourde était suspendue à son côté par un cordon passé en sautoir autour de son corps.

Elle marchait lentement, ou plutôt elle rampait sur ses genoux et retournait ces corps mutilés par la mitraille. Il y avait long-temps qu'elle était occupée de la triste recherche qu'elle paraissait faire, lorsqu'elle souleva le corps d'un grenadier qui lui parut conserver encore un peu de vie. Elle mit précipitamment la main sur son cœur, elle sentit quelques lentes et faibles pulsations, et fit entendre un cri de joie mélancolique. Elle essuya le visage du grenadier qui était couvert de sang, et aussitôt elle essaya de faire pénétrer au travers de ses lèvres bleues et serrées quelques gouttes de la liqueur que contenait sa gourde... Ses soins pieux et charitables furent suivis d'un prompt succès, le blessé respira et poussa un profond soupir...

— C'est lui, dit-elle à voix basse, je le reconnais : c'est Lambert, le camarade de lit de mon fils, de mon pauvre Bernard ! Il me donnera de ses nouvelles... Oh! que ne puis-je le sauver!... Lambert!.. Lambert!..

Le grenadier n'entrouvrit qu'à demi les yeux, mais il fit plusieurs mouvemens et paraissait revenir lentement à la vie. La vieille femme, guidée sans doute par quelque vieux préjugé, souleva sa tête sur ses genoux et chercha à introduire son souffle dans sa bouche. Les mouvemens du blessé devinrent plus vifs et plus nombreux, et elle lui fit de nouveau avaler quelques gouttes de liqueur.

— A moi ! à moi !... dit le grenadier d'une voix faible, achève-moi, Bernard..... vive..... l'empereur !...

— Lambert ! répondit la vieille femme, revenez à vous, mon ami... où est Bernard ?... où est-il ? vous le direz à sa mère n'est-ce pas, mon pauvre Lambert ?... Eh bien ! me reconnaissez-vous maintenant ?

— Oui, reprit le grenadier qui se réveillait par degrés et jetait autour de lui des regards étonnés. Les voilà donc tous !... mes braves camarades !... Mère Bernard ! pourquoi m'appelez-vous ? il fallait me laisser avec eux. C'étaient tous mes amis et mes frères... Qu'est devenu l'empereur ? où sont les Français ?...

— Hélas! mon garçon, tout est perdu... tout... les Prussiens et les Anglais les poursuivent.

— Nous sommes restés sur le champ de bataille, nous!... Mère, adieu, laissez-moi mourir.

— Lambert, n'avez-vous donc personne qui puisse vous aimer et être heureux de vous revoir?

— Mon vieux père!... mon vieux père!... mais tant de braves qui étaient mes amis!... là...

Deux ruisseaux de larmes coulèrent sur le visage pâle de Lambert.

— Oui, nous devons pleurer, Lambert, nous devons pleurer sur la France... mais mon fils! dites-moi ce qu'il est devenu...

— Votre fils, pauvre mère!... il était mon ami, nous ne nous quittions pas, nous nous sommes embrassés avant... il doit être auprès de moi...

— Le voilà! le voilà!... grand Dieu, mon Bernard!... mort, Lambert, mort pour jamais... Voyez-vous combien il a fallu de coups terribles pour tuer mon fils! une... deux... trois... vingt-deux blessures!... Mon beau garçon, je ne te verrai donc plus... tu m'aimais tant! tu me respectais quoique tu fusses un vieux soldat...; mais tu es mort comme ton père...

Lambert était retombé sur le gazon ensanglanté dans un nouvel évanouissement dont la vivandière essaya vainement de le faire sortir. Tantôt elle s'approchait de lui et s'efforçait de le rappeler à la vie, tantôt elle se jetait sur le corps de son fils, et elle pleurait sur les larges blessures par où son sang s'était écoulé.

Quelques paysans du voisinage se hasardaient déjà à traverser le champ de bataille, qu'allait bientôt profaner une cupidité cruelle. Ils virent cette femme et accoururent auprès d'elle. Elle leur dit en peu de mots ce qu'elle désirait obtenir de leur charité. Ils lui donnèrent une bêche...

Elle coupa les cheveux de son fils, les plaça dans son sein, et se mit à creuser une fosse; mais ses forces ne répondaient pas à son courage; les paysans l'aidèrent à remplir ce douloureux devoir. Quand tout fut prêt, elle s'agenouilla, les paysans se découvrirent avec respect et unirent leurs prières aux siennes. Alors elle couvrit de ses baisers maternels le corps du soldat mort au champ d'honneur, et lui dit adieu d'une voix entrecoupée par les sanglots.

— Bonnes gens, leur dit-elle, que Dieu vous bénisse; emportez ce brave maintenant, et laissez-moi... Oui, je veux être seule avec mon fils, le plus beau grenadier de la vieille garde! Pauvre Bernard! voyez... il a vingt-deux blessures!...

— Adieu, bonne mère, adieu, nous emportons le grenadier, on ne le trouvera pas, nous le sauverons... Que ne peut-on réveiller tous ceux qui dorment auprès de lui!...

CHAPITRE HUITIÈME.

CHAPITRE VIII.

Le soldat mutilé.

NAPOLÉON, trahi par la victoire, revint précipitamment à Paris, après avoir donné des ordres pour le ralliement de l'armée à Laon. Mais tous les généraux membres de la chambre des pairs avaient imité son exemple, et d'ailleurs le découragement produit par la défaite de Waterloo avait augmenté plutôt que diminué quand on put connaître l'énormité de nos pertes. Il ne devenait plus possible d'arrêter la marche des vainqueurs; les malheurs d'une seconde invasion paraissaient inévitables, et une grande insurrection nationale aurait pu seule en affranchir le pays. Le temps des beaux dévouemens était passé. Le désastre de Waterloo, au lieu de réveiller l'amour de la patrie, au lieu de réunir en un seul faisceau toutes les forces de la France, comprima l'élan de tous les cœurs, ranima les factions et divisa les esprits.

Vainement les patriotes faisaient-ils observer que soixante-sept mille hommes seulement avaient pris part à la malheureuse affaire du 18, et que plus de trois cent mille soldats pouvaient en peu de temps, réunis sous les murs de la capitale, tenter encore le sort des batailles, et changer en cris de deuil et d'alarme les chants de victoire des alliés. On pouvait aussi compter, pour obtenir la délivrance du territoire, sur le concours des populations épouvantées des maux qui les menaçaient. La perte d'une seule bataille devait-elle faire désespérer le grand peuple français du salut de la patrie? Mais ils exigeaient aussi que Napoléon abdiquât pour la dernière fois; et dans cette circonstance, tous les regards se tournaient vers la chambre des représentans, dépositaire des pouvoirs et de la souveraineté nationale.

Cette assemblée manifesta spontanément les

plus nobles sentimens de patriotisme et de courage. Elle se constitua en permanence, et ne tarda pas malheureusement, aveuglée qu'elle était sur la déclaration des alliés, à séparer les intérêts de l'empereur de ceux de la France. Elle employa aussitôt la voie des négociations. Mais c'était au contraire alors que, fidèle à son vœu, la nation devait environner Napoléon vaincu ; car c'était par trop de simplicité que de croire à la sincérité des motifs qui avaient été allégués pour faire la guerre à la France. L'adresse des représentans à l'armée y produisit un effet contraire à celui qu'on s'en était promis. C'était, pour ainsi dire, l'admettre à une nouvelle délibération, et commettre une faute irréparable. Les soldats, dans leur coupable ignorance de leurs devoirs de Français, blasphémèrent au point de s'écrier : Plus d'empereur, plus de patrie !... Tout était perdu : les liens de la discipline étaient brisés, les affections morales qui unissent les hommes à leur pays étouffées ; un désordre plus affreux cent fois, plus mortel que celui que la mitraille anglaise avait produit à Waterloo, s'empara de l'armée. Instruit de cette situation des esprits, Napoléon, dévoué aux intérêts du pays, et décidé à subir l'arrêt que le corps législatif allait prononcer contre lui, offrit ses services comme simple général. Il se dépouillait sans regrets du titre d'empereur; mais il voulait que sa vie fût encore utile à la France. Sans doute il lui était possible, à la tête des corps ralliés sous les murs de Paris et des secours qu'on pouvait tirer des dépôts et des corps d'observation, de reprendre l'offensive et de repousser les alliés, tandis que le corps législatif organiserait à la fois la régence et de nouveaux moyens de résistance. Le refus des représentans manquait aux malheurs de Napoléon. La chambre, empressée d'exercer la plénitude de son pouvoir, insista pour voir briser l'épée qui pouvait la défendre et la sauver. Napoléon se résigna; et profondément affligé des maux de la patrie, il dicta à son frère Lucien le document suivant (1).

(1) On pourrait penser qu'il y a ici un anachronisme parce que l'offre officielle que fit Napoléon de se remettre à la tête de l'armée, en qualité de général au service de la nation, suivit, en effet, et ne précéda pas son abdication. Mais il est certain que Napoléon, à peine de retour à Paris, après le cruel désastre de Wa-

DÉCLARATION AU PEUPLE FRANÇAIS.

En commençant la guerre, pour soutenir l'indépendance nationale, je comptais sur la réunion de tous les efforts, de toutes les volontés et le concours de toutes les autorités nationales. J'étais fondé à en espérer le succès, et j'avais bravé toutes les déclarations des puissances alliées contre moi.

Les circonstances me paraissent changées; je m'offre en sacrifice à la haine des ennemis

terloo, n'eut en vue que d'aviser aux moyens de réparer ce malheur. Il comptait sur le concours des représentans. Complètement désabusé sous ce rapport, il ne put bientôt plus se faire illusion; mais se considérant comme personnellement engagé dans la lutte que soutenait la France, il déclara, à plusieurs reprises, que la conservation de son pouvoir était la moindre de ses sollicitudes, et qu'il en donnerait au monde une preuve éclatante en ne reprenant le commandement de l'armée que sous le titre de général. Ces offres généreuses, et qui furent mal jugées, devinrent l'objet de quelques négociations qui se croisèrent avec les délibérations des représentans relativement à l'abdica-

de la France : puissent-ils être sincères dans leurs déclarations et n'en avoir voulu qu'à ma personne! Ma vie politique est terminée, et je proclame mon fils sous le titre de NAPOLÉON II, empereur des Français.

Les ministres actuels formeront provisoirement le conseil de gouvernement. L'intérêt que je porte à mon fils m'engage à inviter les chambres à organiser la régence par une loi.

tion. Au reste, voici la lettre qui dépose de ses intentions, et qu'il adressa à la commission du gouvernement ;

« En abdiquant le pouvoir, je n'ai point renoncé au » plus noble droit du citoyen, au droit de défendre mon » pays.

» L'approche des ennemis de la capitale ne laisse » plus de doutes sur leurs intentions, sur leur mauvaise foi.

» Dans ces graves circonstances, j'offre mes services » comme général, me regardant encore comme le premier soldat de la patrie! »

Unissez-vous tous pour le salut public, et pour rester une nation indépendante.

Signé Napoléon.

Ces douloureuses circonstances retrouvèrent Napoléon ferme et inébranlable, quoiqu'elles dussent lui rappeler les plus amères déceptions en retraçant à son esprit l'enthousiasme unanime qui avait salué son retour. Il était à la Malmaison, où sa chère Joséphine était morte, et où il ne pouvait faire un pas sans que de cruels souvenirs ne vinssent désoler son cœur. Le voile ét aitdéchiré, il n'était plus l'homme des espérances du pays, et l'esprit public, injuste dans sa douleur, le rendait responsable des malheurs de la France. C'était surtout cette pensée qui était poignante et cruelle, et dans la solitude où sa cour naguère si nombreuse le laissa, c'était le seul sujet qui pût amener sur ses lèvres l'expression de la plainte ou du regret.

Mais ce drame rapide touche à sa fin. La chambre des représentans reçut avec des démonstrations non équivoques l'acte qui renfermait implicitement l'abdication de l'empereur Napoléon. Elle fit enlever son buste du piédestal qu'il occupait dans le lieu réservé aux séances, et aussitôt commença une discussion animée sur la situation des affaires. Plusieurs membres proposèrent la formation de la chambre en *assemblée nationale*; c'était là une mesure nécessaire et dictée par la gravité des circonstances. Mais il aurait fallu soutenir ce titre imposant et prendre d'avance les mesures pour conserver l'intégrité et l'indépendance de ce grand corps de l'état, dans le cas probable de l'occupation de la capitale par les armées étrangères. Les partisans qui restaient dans cette assemblée à la dynastie impériale firent valoir d'importans motifs contre cette proposition. Ils représentèrent que l'abdication de Napoléon n'était que conventionnelle, et que d'ailleurs en s'affranchissant ainsi brusquement de toutes les formes constitutionnelles en vertu desquelles la chambre existait, on ouvrait la porte à tous les abus et l'on s'exposait à rassembler tous les élémens de la guerre civile. Ces raisons dilatoires l'emportèrent sur le bon sens et les opinions des patriotes, et Napoléon II fut d'une commune voix, dans le sein de la représentation nationale, proclamé solennellement empereur des Français!...

Cependant le maréchal Grouchy ramenait intact sous les murs de Paris le corps d'armée dont Napoléon lui avait confié le commandement le 17 juin. Par une marche savante, il avait pu, sans perdre un seul homme, traverser ainsi tout le nord de la France entre les deux armées victorieuses. Cette retraite admirable, exécutée avec tant de bonheur, prouve de la manière la plus évidente que le maréchal Grouchy, induit en erreur le 18 juin, était digne de l'estime et de la haute confiance que l'empereur avait mises dans son courage et ses talens. A ces trente-six mille vieux soldats, maintenant l'élite de l'armée française, venaient se joindre à chaque instant des régimens entiers qui s'étaient ralliés sur divers points, et qui brûlaient de venger l'affront qu'ils avait soufferts dans les plaines de la Belgique. Du 28 juin au 1er juillet, l'armée réunie dans les environs de la capitale offrait un effectif presque double de celui qui avait combattu à Waterloo; mais il n'y avait à la tête des affaires publiques que des hommes timides ou des traîtres qui ne songeaient alors qu'à tirer le meilleur parti possible de leur défection. L'armée, qui s'était d'abord montrée disposée à recommencer la lutte sanglante où tant de braves avaient succombé, apprit alors les événemens politiques à la suite desquels Napoléon avait abdiqué. Il était l'âme et l'idole des soldats. La plupart d'entre eux, découragés, abattus par ce dernier revers, qui leur paraissait le plus grand de tous, jetèrent leurs armes, et une effrayante désertion se mit bientôt dans les rangs. Jusqu'au dernier moment toute cette époque devait être marquée au coin de la plus étrange fatalité.

L'ennemi s'avançait à grands pas, et déjà ses avant-postes pouvaient être aperçus des hauteurs qui avoisinent Paris. La chambre des représentans, continuant à se bercer de vaines illusions sur la loyauté des alliés, intima à la commission de gouvernement l'ordre de faire éloigner Napoléon. Il supporta cette dernière et cruelle disgrâce avec la fermeté d'âme qui convenait au rang élevé qu'il avait occupé et à son noble caractère. Cette mesure fut accompagnée de précautions peu honorables pour ceux qui s'en firent les exécuteurs: Napoléon se trouva un moment surveillé comme un prisonnier. Lui prisonnier des Français, et il n'avait qu'un mot à dire !... Il partit le 29 juin pour Rochefort, où deux vaisseaux de l'état devaient le transporter aux Etats-Unis...

Le monde sait par quel infâme guet-apens le gouvernement anglais, descendant au rang des plus vils misérables, osa porter les mains sur cet homme illustre et malheureux. C'est vainement que, pour colorer du prétexte de la raison politique cet odieux attentat, l'Angleterre a voulu associer l'Europe à son crime; c'est sur elle seule qu'il retombe. C'est elle qui choisit pour prison au plus grand homme de notre temps une île lointaine et malsaine dont le climat devait le tuer, si son esprit ferme et digne de sa haute renommée le faisait résister aux traitemens atroces dont il allait être l'objet. C'est elle qui transforma encore cette île inhospitalière en une sorte de ponton, où l'on calcula jusqu'à la quantité d'air que pouvait respirer Napoléon. C'est elle qui, pour assurer l'effet des tortures qu'elle lui infligea, et pour que rien ne manquât à l'horreur de son supplice, le livra à l'abominable Hudson-Lowe. Digne représentant de l'aristocratie anglaise, cet homme, dont le nom est voué à l'exécration des générations futures, avait l'âme d'un bourreau et la lâcheté d'un bandit napolitain! C'est elle enfin qui étendit son implacable vengeance jusque sur ces hommes d'un autre temps, par leurs vertus et leur dévouement héroïque, qui s'attachèrent volontairement à l'infortune de celui qui avait été l'empereur des Français. Et la famille royale qui a hérité du trône des Stuarts ne se soustraira jamais à cet anathême terrible que Napoléon mourant laissa tomber sur elle : JE LÈGUE L'OPPROBRE DE MA MORT A LA MAISON RÉGNANTE D'ANGLETERRE.

Tandis que Napoléon subissait sans se plaindre l'exil auquel le condamnait une assemblée que son jaloux amour de la liberté avait aveuglée sur les véritables intérêts du pays, cette assemblée allait bientôt subir elle-même le joug des étrangers, à la magnanimité desquels elle avait eu la faiblesse de croire. Toutes les propositions de la commission de gouvernement furent successivement rejetées par les alliés. Wellington agit d'abord avec ménagement; la présence de l'armée française le rendait circonspect, et la décision de la question politique fut remise jusqu'après l'éloignement des Français de l'autre côté de la Loire. La convention du 3 juillet, qui contenait cette clause spéciale, mit fin à toutes les négociations, et son exécution fit perdre à la nation tout le fruit que les représentans auraient pu retirer de leur position, pour la consolidation des institutions favorables à la liberté.

Quand cette fatale convention fut notifiée à la chambre des représentans, elle cessa de se faire illusion; elle reconnut, mais trop tard, la faute qu'elle avait commise en éloignant Napoléon. Cependant il lui restait un grand devoir à remplir, c'était celui de protester à la face du monde contre les résultats éventuels de l'invasion, et de réunir dans une déclaration solennelle les principes que la nation française avait confiés à ses lumières et à son patriotisme. Elle le fit, et ce fut là son dernier acte de vie, mais il restera comme un monument éternel des vœux nationaux et des libertés de la France à cette époque (1).

Le roi rentra dans Paris le 8 juillet; le dra-

(1) *Déclaration de la chambre des représentans.*

Les troupes des puissances alliées vont occuper la capitale.

La chambre des représentans n'en continuera pas moins de siéger au milieu des habitans de Paris, où la volonté expresse du peuple a appelé ses mandataires.

Mais, dans ces graves circonstances, la chambre des représentans se doit à elle-même, elle doit à la France, à l'Europe, une déclaration de ses sentimens et de ses principes.

Elle déclare donc qu'elle fait un appel solennel à la fidélité et au patriotisme de la garde nationale parisienne, chargée du dépôt de la représentation nationale.

Elle déclare qu'elle se repose avec la plus haute confiance sur les principes de morale, d'honneur, sur la magnanimité des puissances alliées, et sur le respect

peau tricolore qu'on avait espéré pouvoir conserver, disparut de nouveau. Louis XVIII vint se jeter entre la France et les étrangers. La légitimité de son titre et l'influence de son caractère personnel imposa aux alliés, ivres de leur victoire et avides des dépouilles de la France. Dans ces temps difficiles, dans ces

pour l'indépendance de la nation, si positivement exprimé dans leurs manifestes.

Elle déclare que le gouvernement de la France, quel qu'en puisse être le chef, doit réunir les vœux de la nation, légalement émis, et se coordonner avec les autres gouvernemens pour devenir un lien commun et la garantie de la paix entre la France et l'Europe.

Elle déclare qu'un monarque ne peut offrir de garanties réelles, s'il ne jure d'observer une constitution délibérée par la représentation nationale, et acceptée par le peuple. Ainsi, tout gouvernement qui n'aurait d'autre titre que des acclamations ou la volonté d'un parti, ou qui serait imposé par la force ; tout gouvernement qui n'adopterait pas *les couleurs nationales* et ne garantirait point *la liberté des citoyens, l'égalité des droits civils et politiques, la liberté de la presse, la liberté des cultes, le système représentatif, le libre consentement des levées d'hommes ou d'impôts, la responsabi-*

temps de deuil pour la patrie, la providence ne pouvait susciter un homme plus propre que l'aîné des Bourbons à servir d'égide au pays. Le roi, au milieu de tous ces malheurs qu'il n'avait que trop prévus, s'arma d'une courageuse fermeté; et quand Blucher et ses Prus-

lité des ministres, l'irrévocabilité des ventes des biens nationaux de toute origine, l'inviolabilité des propriétés, l'abolition de la dîme, de la noblesse ancienne et nouvelle, héréditaire, et de la féodalité, l'abolition de toute confiscation de biens, l'entier oubli des votes et des opinions émis jusqu'à ce jour, l'institution de la **Légion-d'Honneur***, les récompenses dues aux officiers et aux soldats, les secours dus à leurs veuves et à leurs enfans, l'institution du jury, l'inamovibilité des juges, le paiement de la dette publique*, n'assurerait point la tranquillité de la France et de l'Europe.

Que si les bases énoncées dans cette déclaration pouvaient être méconnues ou violées, les représentans du peuple français, s'acquittant aujourd'hui d'un devoir sacré, protestent d'avance, à la face du monde entier, contre la violence et l'usurpation. Ils confient le maintien des dispositions qu'ils réclament à tous les bons Français, à tous les cœurs généreux, à tous les esprits éclairés, à tous les hommes jaloux de leur liberté, enfin aux générations futures.

siens voulurent faire sauter le pont d'Iéna, ce fut son énergie qui nous conserva ce monument, qui rappelle une de nos plus belles victoires.

L'armée qui s'était retirée derrière la Loire ne tarda pas à être licenciée. Cette mesure a été diversement jugée; elle fut peut-être inopportune, mais elle eût été plus tard d'une nécessité absolue. On doit rappeler ici une circonstance remarquable de cette époque, et qui honore le caractère français; c'est que parmi tant de soldats, qui, encore échauffés par le souvenir de leurs revers et par leurs opinions politiques, rentrèrent dans leurs foyers, il n'y en eut pas un seul qui se rendît coupable du moindre délit. Dans tout autre pays que la France, la dispersion sur un vaste territoire d'un si grand nombre d'hommes, aurait pu avoir des résultats funestes pour la paix publique. Nos braves soldats supportèrent avec résignation l'affront qu'on leur faisait subir; quand des étrangers en armes occupaient encore le sol de la patrie, ils retournèrent aux travaux qu'ils avaient quittés pour la défendre, ils se séparèrent sans murmure.

Ils sentaient que le roi usait d'un droit que le peu d'attachement qu'ils avaient montré à sa personne ne légitimait que trop. Héroïques enfans de la France, dans les jours de victoire comme dans les jours de revers, vous étiez faits pour donner l'exemple de toutes les vertus ; et quand sur les bords de la Loire, où vous pouviez voir en frémissant la fumée des bivouacs étrangers, vous brisâtes vos épées, vous vous montriez encore dignes de votre pays !...

Ainsi finit cette révolution mémorable, qui se termina comme elle avait commencé, d'une manière inattendue. La violation de la loi constitutionnelle avait aliéné à la restauration tous ceux qui l'avaient d'abord accueillie comme un gage de paix et de bonheur. Le mépris que de nouveaux favoris avaient manifesté pour nos vieilles et glorieuses légions ferma le cœur des soldats au dévouement que le caractère bienveillant des princes de la maison de Bourbon aurait pu leur inspirer. Mais ce fut toujours le sort de cette auguste maison de s'abandonner avec une aveugle confiance aux influences domestiques. Elle aime le peuple, et son bonheur est le plus cher de ses vœux. Le but des courtisans est de la séparer du peuple et de l'épouvanter de son amour.

Les sanglantes orgies qui accompagnèrent la seconde restauration prouvèrent au monde de quel côté se trouvaient en France la moralité et l'honneur. Aucun acte de représailles ne fut commis durant les cent jours; le peuple, satisfait du retour des institutions qui lui étaient chères, laissa en paix ces émigrés insolens qui l'avaient abreuvé d'humiliations. Nulle part les patriotes ne songèrent à inquiéter ceux de leurs concitoyens qui avaient le malheur de ne pas penser comme eux. Ils n'abusèrent ni de leur nombre ni de la force légale remise entre leurs mains. Mais à peine la fortune se fut-elle prononcée contre cette noble cause, qu'on vit les partisans exclusifs de la restauration se faire les auxiliaires de l'oppression étrangère. Dès le moment que les patriotes, accablés des maux du pays, n'eurent plus les moyens de repousser par la force de coupables aggressions, leurs ennemis, devenus braves et courageux à leur manière, portèrent l'incendie et le meurtre dans leurs demeures. Des régimens d'assassins parcoururent le midi de la France. Le gouvernement royal fut débordé par la faction impitoyable qui le calomniait par son adhésion. Le fanatisme religieux vint dans quelques contrées au secours du fanatisme politique. Des monstres dignes du dernier supplice acquirent alors une épouvantable renommée, et cette faction ne rougit pas de voiler leurs forfaits du prétexte honorable de dévouement à la cause royale. N'est-ce pas l'injure la plus violente qu'on puisse lui adresser? Il n'y eut plus ni sécurité pour les paisibles citoyens, ni espoir de voir rétablir l'ordre et le règne des lois. Les excès les plus coupables, les attentats les plus arbitraires demeurèrent impunis; on fit plus encore, on donna de publiques récompenses à leurs auteurs. Ce ne fut ni l'échafaud ni le carcan qui les attendirent; on les éleva aux honneurs et aux emplois, comme si le pouvoir avait voulu s'avilir, ou plutôt pour prouver quel mépris on avait pour l'opinion, et le cas qu'on faisait des leçons de l'histoire. La volonté personnelle du roi se trouva impuissante contre une telle réaction, et à peine venait-il d'avouer les fautes de son gouvernement, que ce gouvernement les renouvela toutes, et les exagéra avec un cynisme qui passe toute croyance.

On était à la fin du mois d'octobre 1815; l'inclémence du temps avait ajouté aux malheurs de la France. Des pluies continuelles avaient détruit l'espoir des laboureurs; les fleuves et les rivières étaient sortis de leur lit, et avaient ravagé nos campagnes, épuisées déjà par le fléau de l'occupation étrangère. L'espionnage et l'oppression régnaient dans les villes et les bourgs; le foyer domestique était envahi par la crainte; le fils tremblait pour son père, et le père n'osait pas compter sur la liberté de son fils. Alors la moindre imprudence de jeune homme était transformée en crime d'état. La France, naguère encore si belle d'enthousiasme et de patriotisme, paraissait enveloppée de sombres nuages. Il n'y avait un peu de joie que dans les cœurs vils et corrompus de ces hommes qui exploitaient les misères de leur patrie; mais c'était une joie semblable à celle de bandits qui comptent leurs victimes.

Ce fut à cette époque, et à la chute d'un jour dont la neige et un froid piquant avaient augmenté la tristesse, qu'un personnage remarquable, malgré l'état de délabrement de son costume, s'arrêta à l'entrée de l'allée de châtaigniers, qui, dans la vallée de Beaumont, conduit à la maison de ce vieux soldat de Louis XV que le lecteur n'a pu oublier. Cet individu paraissait céder en ce moment à la fatigue qu'il éprouvait, et à des souffrances morales que l'aspect de ces lieux, plongés dans un sombre silence, réveillait dans son âme. Il avait fait une longue route appuyé sur deux béquilles faites d'un bois grossier, et dont il avait enveloppé de vieux chiffons l'extrémité qui porte sur la terre. Sa tête était couverte d'un bonnet de police qui n'avait plus rien de militaire que sa forme, car le galon et une grenade cousus autrefois sur le devant avaient disparu. La place que ces ornemens avaient occupée ressortait sur l'étoffe usée du bonnet. Une redingote grisâtre, dont les boutons de métal avaient été remplacés par des boutons d'étoffe, le défendait à peine contre les injures de l'air et les rigueurs hâtives de la saison. Ce vêtement, déchiré dans plusieurs endroits, portait les traces des longs services qu'il avait rendus à celui qui en était couvert. Ses pieds enflés étaient enveloppés de linges ensanglantés; les fatigues d'une longue route avaient sans doute envenimé des plaies mal fermées, qui ne lui permettaient pas de se servir d'une chaussure ordinaire. Les traits de cet homme, pâles et amaigris, révélaient cependant en lui un héroïque courage aux prises avec l'adversité, tandis que la douleur profonde qui les sillonnait inspirait un pieux respect pour sa personne. Ses sourcils et ses épaisses moustaches commençaient à devenir grises; mais en examinant de plus près la physionomie attristée de ce vieux soldat, on pouvait penser que de vives souffrances et de grands malheurs l'avaient avant l'âge marqué de ces signes d'une vieillesse prochaine.

Oui, c'était un vieux soldat, et c'est dans cet état de peine et de misère qu'un défenseur de la patrie, qu'un fidèle compagnon de Napoléon revenait dans sa terre natale! Quand il fut assis sur le tronc d'un châtaignier renversé par le temps ou l'orage, en poussant un faible cri que la douleur lui arrachait, il jeta autour de lui un regard triste mais imposant. Il semblait admirer dans un sombre recueillement la scène d'affliction qui l'environnait. Le vent glacial qui soufflait dans les arbres dépouillés de verdure était pour lui comme une fraîche brise du printemps qui attiédissait les ardeurs de la fièvre qui le dévorait. Il ne demeura pas long-temps dans cette position, et s'armant d'un nouveau courage, il se releva à l'aide de ses béquilles. Il prêta un moment l'oreille du côté de la maison, comme pour recueillir quelque bruit qui dissipât le funeste pressentiment qui l'agitait; il n'entendit que le sifflement du vent du nord. Alors levant ses yeux humides vers le ciel et secouant la tête avec une sorte d'abattement, il se traîna douloureusement jusqu'à la porte de la chaumière. Elle était fermée, mais il avait pu voir d'un peu plus loin la fumée qui s'élevait au dessus du toit, et il avait ainsi acquis la certitude qu'elle était habitée....; il frappa.

Après quelques minutes d'attente, un jeune homme vint ouvrir. L'obscurité qui commençait à régner ne permettait plus de reconnaître la personne qui se présentait dans un moment où quelque chose de grave se passait dans la maison, si l'on avait pu en juger par l'air d'affliction du jeune homme.

— Que voulez-vous? dit-il avec une brusquerie, qui cependant n'avait ni le caractère de la malveillance ni celui de la dureté. Je ne saurais vous secourir dans ce moment ; quelqu'un se meurt ici.

— Quelqu'un se meurt!... s'écria le soldat.... L'ami, aidez-moi à entrer...; vous vous trompez en me prenant pour un mendiant...; je suis Étienne Lambert...

—Vous! que Dieu soit béni! mais dans quel état!... Appuyez-vous sur moi.

Le malheureux vétéran n'avait que trop bien compris les paroles que le jeune homme avait prononcées, et quand il fut entré dans la chambre qu'habitait ordinairement son vieux père, la scène qui s'offrit à ses regards confirma toutes ses inquiétudes.

Le vieillard était assis sur son lit, et il était

aisé de voir qu'il touchait à ses derniers instans; on l'avait ainsi placé par ses ordres à l'aide de quelques oreillers : il avait déclaré qu'il ne voulait pas mourir couché. Ses yeux étaient ouverts mais fixes; ses lèvres s'agitaient, mais le bruit qu'occasiona l'entrée de Lambert ne permit pas de recueillir les mots qu'il prononça. D'un côté du lit, était le curé du village, qui tenait à la main un petit crucifix en ébène; de l'autre côté était un jeune homme vêtu de noir, qu'à la manière grave et spéciale dont il consultait le pouls du mourant on reconnaissait pour être le docteur du pays. A genoux au pied du lit et les mains croisées sur son cœur, la pieuse et jolie Marguerite priait le ciel pour son protecteur, pour le vieillard qui lui avait servi de père. Ses traits angéliques étaient animés par l'expression touchante des sentimens vertueux et purs qui remplissaient son âme. L'entrée de Lambert la tira de la méditation religieuse dans laquelle elle était plongée. Elle le reconnut aussitôt, et poussant un cri déchirant, mélange inexprimable de douleur et de joie, elle s'élança auprès de lui. Le grenadier, qui jusque là avait tenu ses regards attachés sur le lit de son père, chancela et tomba sur le siége que le jeune homme approcha de lui. Marguerite, à demi agenouillée devant Lambert, contemplait en sanglotant les pieds ensanglantés du grenadier et les vêtemens misérables qui le recouvraient.

— Oh! dit-elle, mon Dieu, Dieu tout-puissant, ayez pitié de nous. Dans quel moment revient-il! et lui combien il a souffert!...

— Guitte, répondit le grenadier d'une voix émue, ne songez pas à moi... le père!... il n'y a donc plus d'espoir?

— Paix! dit le docteur en étendant une main vers ce groupe désolé, tandis que de l'autre il faisait passer devant les yeux du mourant la lumière d'une lampe.

Le vieillard avait fait un mouvement bien prononcé qui indiquait que les sources de la vie n'étaient pas encore épuisées dans son corps usé par le temps. Mais la lumière ne lui fit éprouver aucune sensation, et sa paupière conserva son effrayante immobilité.

— Curé, dit-il d'une voix que le profond silence qui régnait dans cette pièce permettait seul de pouvoir entendre, curé, êtes-vous là?...

— C'est mon devoir, mon vieil ami, je ne dois plus vous quitter ; pensez à Dieu, qui nous jugera tous.

— Que son saint nom soit béni! reprit le mourant avec plus de force, mais Dieu m'a soumis à de bien grandes épreuves : j'ai eu la jeunesse d'un soldat, curé, j'en ai toute ma vie rempli les devoirs... pourquoi ma vieillesse a-t-elle été si triste?... Mon fils, mon Etienne, je ne le verrai donc plus... Dieu me devait cette consolation...

— Il vous l'accordera, mon vieil ami, ajouta le curé en jetant précipitamment les yeux sur Lambert.

— Père!... père!... s'écria Lambert d'une voix étouffée... Aidez-moi, jeune homme, mes forces sont épuisées...

Le vieillard tressaillit... il garda cependant

le silence; mais on sentait bien qu'il cherchait à recueillir tout ce qui lui restait de vie, et qu'il prêtait l'oreille pour découvrir ce qui se passait autour de lui; aussitôt on vit des larmes couler le long de ses joues creuses...

— Curé, dit-il; Dieu a-t-il fait un miracle?... Je puis mourir maintenant, il me semble que j'ai entendu la voix de mon fils... Etienne!... qui pleure donc si près de moi?... sur ma main?...

— C'est moi, père, c'est votre fils...

— Que Dieu soit béni!... oui, c'est toi... c'est toi... Je ne puis plus te voir, Etienne, je ne tiens presque plus à ce monde... mais je te sens... Oh! c'est bien toi; tu me rends mon âme.

Marguerite sanglotait comme le jeune homme qui soutenait Lambert. Le docteur s'était un moment éloigné, cette scène attendrissante déchirait son cœur; et le curé, les mains levées vers le ciel, le remerciait du retour inespéré du soldat qui venait recevoir la dernière bénédiction de son père.

— Etienne, reprit le vieillard, as-tu donc été à cette grande bataille ?..

— Oui, père, répondit le grenadier, et c'est la volonté de Dieu que j'aie seul survécu à tous mes braves amis.

— Seul!... Que ne puis-je voir tes blessures... Docteur, vous soignerez mon fils, qui a été blessé à la grande bataille... Il se tut un instant, puis il ajouta d'un ton solennel : Mes frères, prions Dieu pour tous ceux qui sont morts dans cette journée en défendant leur pays...

Ce furent les dernières paroles du vétéran, à part quelques mots qu'il balbutia avec peine, et dans lesquels on crut reconnaître les noms de Marguerite... mon fils... le testament. Cependant ce fut seulement aux premières lueurs du jour que son âme se sépara de son corps, et le soldat de Fontenoi s'éteignit dans les bras de son fils mutilé à Waterloo!...

La douleur du brave grenadier et celle de Marguerite ne saurait se décrire. Tous les habitans de Saint-Laurent de Beaumont la partagèrent sincèrement. Lambert voulut accompagner au cimetière la dépouille mortelle de son père, et il accomplit ce dernier devoir de la piété filiale à l'aide de deux vigoureux garçons du pays. Mais on le rapporta mourant de cette triste cérémonie.

Le grenadier, après cinq mois d'horribles souffrances, pendant lesquels sa vie fut constamment en péril, entra enfin en convalescence. Il avait reçu du jeune docteur les soins les plus empressés et les plus salutaires. La plupart de ses blessures avaient été mal pansées. Chaque jour il fallait recourir à une nouvelle opération chirurgicale pour extraire des balles demeurées dans les chairs ou des fragmens d'os brisés restés dans les plaies. Mais, malgré le talent de l'opérateur, le grenadier était condamné à ne pouvoir jamais marcher sans un appui. Il avait supporté avec un admirable courage les douloureuses opérations qui avaient été jugées nécessaires, et le docteur s'était peu à peu vivement attaché à ce brave soldat. Il était devenu son ami.

— Ne craignez rien, lui disait quelquefois Lambert quand il paraissait effrayé de la douleur qu'il allait lui causer, ne craignez rien, docteur: un vieux soldat comme moi est habitué à souffrir. Mais, pour dire la vérité, il aurait mieux valu que les balles touchassent un peu plus haut... Non, non, ne m'écoutez pas, docteur; je n'aurais pas revu mon père, et je n'aurais pas fait la connaissance d'un digne jeune homme.

A la fin d'un des premiers beaux jours du printemps, le grenadier était assis sous la tonnelle et sur le banc où, pour la première fois après une longue absence, il avait reçu les embrassemens de son père. Son air était grave et pensif. Il réfléchissait à la conduite que Marguerite tenait envers lui, et il cherchait vainement dans son esprit un moyen de faire naître une occasion pour lui en demander la raison. La jeune fille était toujours bonne et empressée auprès de lui, mais elle ne lui parlait qu'avec une sorte de respect qui éloignait toute idée de la familiarité naïve et fraternelle qu'elle lui avait montrée. Il avait vu plusieurs fois dans la maison le jeune homme qui lui avait ouvert la porte dans la triste soirée qui fut témoin de son retour. Une femme d'un certain âge aidait aussi Marguerite, et le pauvre soldat, peu habitué à exercer une autorité quelconque, n'avait pas même osé s'informer de ce qui se passait autour de lui, dans la maison de son père.

Enfin le jour que nous venons d'indiquer, le docteur, après lui avoir demandé des nouvelles de sa santé, prit un air grave dont il n'avait pas l'habitude d'user avec Lambert. Le grenadier s'aperçut de son embarras, et lui en demanda le motif. Marguerite survint dans ce moment.

— Je suis bien aise, mon cher ami, dit le docteur, que vous m'offriez l'occasion de vous parler enfin d'un secret qui vous concerne et dont je suis le dépositaire.... Demeurez, Marguerite, vous n'êtes pas de trop ici.

— En avant! docteur, répondit le grenadier, voyons l'ordre du jour.

— L'état dans lequel vous avez été jusqu'à présent, Lambert, n'avait point permis de vous parler de vos affaires, maintenant il est temps de vous en occuper. Voici une lettre de votre père.....

Le vétéran s'inclina avec respect et soupira en tordant sa moustache.

— On peut dire, continua le docteur, que c'est son testament. Désirez-vous, Lambert, que je vous en fasse la lecture ?

— Vous m'obligerez, docteur, répondit le grenadier en baissant la tête d'un air triste et pensif.

— Votre père me remit ce papier quelques jours avant que sa maladie ne devint plus sérieuse ; voici ce qu'il contient :

« Mon très-cher fils :

» Il est possible que je meure avant ton retour, il y a bien long-temps que je suis sur la terre. Tu trouveras tout en ordre. Je te rends le bien de ta mère, que j'ai augmenté de quelques économies, dans un état plus prospère. Si tu veux imiter ton père et vivre tranquille dans ce pays après toutes les fatigues que tu a supportées, tu peux y être bien heureux. Savoir se contenter de peu, c'est être riche; ce doit être aussi la devise d'un soldat.

— Pauvre père, dit le grenadier avec sensibilité, et tout cela est sur un morceau de papier.....

— « Je dois te parler maintenant, continua le docteur, des intérêts d'une personne que j'aime bien tendrement et qui depuis plus de douze ans a été pour moi un ange de bonté. Tu vois que je veux te parler de Marguerite. Elle sait tout maintenant....

La jeune fille cacha sa tête dans ses mains.

— Marguerite, dit Lambert avec douceur, c'est donc pour cela que vous avez cessé de me tutoyer et de m'aimer comme un frère..... Vous n'êtes pas ma sœur, mais vous serez toujours à mes yeux la fille de mon père.....

— Hélas! monsieur Lambert, répondit Marguerite d'une voix étouffée par les sanglots, je ne mérite pas tout le bien qu'on dit de moi..... Je n'étais qu'une étrangère dans cette maison, et j'y ai été traitée comme une parente, comme une fille bien-aimée.

— Et vous le méritiez, Marguerite, ajouta le docteur, mais achevons notre lecture. « Je n'ai pas besoin, mon très-cher fils, de te recommander ma chère Marguerite, je suis sûr que ton cœur est bon et généreux. Mais il y aurait un moyen d'assurer le bonheur de Marguerite et le tien, ce serait de vous marier..... »

Un sourire mélancolique froissa les lèvres du grenadier : il jeta un timide regard sur la jeune fille qui tenait ses yeux attachés sur la terre, et paraissait interdite et troublée. Le grenadier poussa un profond soupir en fesant signe au docteur d'achever la lecture de ce précieux document. Le reste de la lettre ne contenait que des dispositions relatives à la situation des biens de Lambert, et quelques conseils salutaires que le vieillard donnait à son fils. Le docteur plia ensuite le paquet et le remit au grenadier, qui le reçut d'une main tremblante; il y porta involontairement ses lèvres, et plaça sur son cœur cet écrit de son père, comme pour faire comprendre que les volontés qu'il y exprimait étaient sacrées pour lui.

Un silence assez long suivit cette lecture. Tout à coup Marguerite se leva, et, joignant les mains d'un air suppliant, en regardant le docteur, elle rentra précipitamment dans la maison.

— Docteur, reprit le grenadier, la jeune fille a quelque chagrin....

— Je le connais, Lambert, répondit le docteur; il y a quelque temps que Marguerite m'a confié son secret. La profonde vénération qu'elle a pour la mémoire de votre père ne lui permettra pas d'hésiter un moment; elle obéira à ses dernières volontés, elle sera votre femme.

Le vieux soldat sourit tristement en secouant la tête.

— Cependant, continua le docteur, je dois vous dire qu'elle aime tendrement un jeune homme du pays.

— Est-ce un bon sujet? demanda le grenadier, sans manifester aucune émotion.

— Un jeune homme honnête et laborieux, répondit le docteur, et dont je me fais le garant.

Dans ce moment Marguerite reparut; elle s'approcha du grenadier avec une respectueuse timidité, et tenant à la main une petite bourse en peau, elle lui dit :

— Monsieur Lambert, voilà une chose dont le père n'a pu vous parler. Quand vous nous quittâtes, il y a maintenant une année, vous laissâtes cet or... par mégarde, je crois... dans un tiroir... dont l'usage m'était réservé. Quand le père tomba malade, j'en tirai quelques pièces pour qu'il ne manquât de rien ; mais depuis je les ai remplacées... Tenez, monsieur Lambert.

—Cela est à vous, Marguerite, je n'ai besoin de rien... Si vous pouviez me refuser à moi, un pauvre soldat que vous ne connaissez pas bien, prenez cela comme si c'était mon père qui vous le donnât... Marguerite, demain vous n'aurez plus peur de moi... Je serai toujours votre ami, n'est-ce pas?.... Marguerite, tu m'appelleras ton frère...

— Tant de bontés pour moi, qui suis une ingrate...

—Pas de ces mots-là, Marguerite, ajouta le grenadier avec bonté; cela me regarde, peut-être... Docteur, rendez-moi le service de dire au vieux notaire de passer ici. C'était un ami de mon père, j'ai quelque chose à lui dire... Mais surtout qu'il ne vienne pas me parler mal de l'empereur.

Le docteur lui serra la main avec expression. Lambert tira de son sein la lettre de son père; il la regardait avec une tristesse respectueuse, il y avait quelques larmes dans ses yeux.

— Docteur, ajouta-t-il, je voudrais bien savoir lire.

CHAPITRE NEUVIÈME.

CHAPITRE IX.

Le 5 mai 1815.

De tous les jeunes garçons de la vallée de Beaumont, habiles à prendre des nids d'aigles sur les rochers les plus inaccessibles, et à lancer des pierres avec la fronde, le plus renommé était Cyprien Raymon. C'était le fils d'un fermier aisé, probe, laborieux, mais portant l'autorité paternelle jusqu'à la dureté. Cependant Cyprien, le plus jeune de ses fils, jouissait de quelques priviléges, et les actions qui auraient attiré à ses frères une sévère correction, ne lui occasionaient que quelques reproches qui lui étaient adressés d'une voix forte et menaçante. Depuis qu'il avait atteint l'âge de quinze ans, il n'y avait pas une *vogue* dans la vallée, une fête de saint patron d'un hameau, où Cyprien ne se trouvât. Il renonça dès cette époque à la guerre dangereuse qu'il avait faite aux oiseaux; il ne lança plus de pierres avec la fronde, et devint un modèle de sagesse, au point que le notaire du pays, témoin de ses progrès et de sa bonne conduite, l'éleva à la dignité de clerc. Savez-vous ce qui avait produit dans le jeune montagnard un changement si prodigieux et si exemplaire? Marguerite était toujours conduite par le vétéran, dont elle croyait être la fille, dans toutes les réunions qu'animait une gaîté dont le vieillard aimait à prendre sa part. Il était l'ami de la jeunesse, le confident de toutes les peines qui assiégent notre âge mûr; et malgré la difficulté qu'il éprouvait à marcher, il avait plus de peine encore à renoncer à l'honorable popularité dont il jouissait. Le notaire, on le sait, le visitait souvent, et souvent aussi il envoyait son clerc s'informer de ses nouvelles.

Si le lecteur n'est pas satisfait de la clarté de ces explications, nous ajouterons que Marguerite et Cyprien eurent ainsi l'occasion de former une liaison tendre et secrète. Mais l'empressement du jeune homme auprès du vétéran lui devint suspect; il en parla au notaire, et l'officier ministériel en parla au père Raymon. En conséquence, il fut résolu que Cyprien irait passer un an dans l'étude d'un notaire de Grenoble, pour achever de s'instruire et prendre les belles manières de la ville. Les choses en étaient à ce point en 1814, quand le grenadier revint inopinément dans le pays. Tel était le motif de la tristesse de Marguerite et de cette scène d'adieu dont le brave Lambert avait été le témoin.

En apprenant cette histoire d'amour, dont il avait dépendu de lui de changer le dénouement, le grenadier se hâta de dicter au notaire ses volontés. Il y a dans l'homme de bien qui vient d'accomplir une action généreuse quelque chose qui l'élève malgré lui. Lambert, ce soldat obscur, encore meurtri, déchiré par les balles et les baïonnettes ennemies, recevait les remercîmens des deux jeunes gens dont il venait de faire le bonheur, avec une dignité que ne saurait donner cette supériorité insolente que les préjugés sociaux attachent au rang et à la naissance. Il portait le deuil de la gloire française; ses vêtemens ne rappelaient plus l'héroïque soldat de Waterloo, mais un cœur bon et généreux battait sous sa veste de drap grossier, et il y avait quelque chose de grave et d'imposant dans la résignation triste répandue sur son visage guerrier, quoique le rasoir eût fait tomber cette partie de la barbe que l'orgueil militaire laisse amasser sur la lèvre supérieure. Il jouissait de son ouvrage, et son œil brillait d'une joie vive et pure en contemplant le couple fortuné dont sa main bienfaisante venait de couronner les naïves amours.

—Voici une belle action, monsieur Lambert, dit le docteur, présent à cette scène, quand les futurs époux furent éloignés et qu'il eut achevé la lecture de l'acte. Que vous n'ayez pas voulu contraindre les affections de Marguerite, c'était vous conduire en honnête homme; j'attendais cela d'un brave défenseur de la patrie, tel que vous; mais lui donner tout ce que vous possédez.... c'est pousser la générosité trop loin.

—Pourquoi donc cela, docteur? répondit le grenadier en souriant. Un peu plus tôt, un peu plus tard, cela ne devait-il pas arriver? Je manquerai à l'appel avant ces enfans.... Ils s'aiment! Si les vœux d'un soldat peuvent porter bonheur, ils seront heureux.

— Je ne suis pas de votre avis : nous vous conserverons bien long-temps, je l'espère, et qui sait?... Une fille de ce pays n'aurait-elle pas pu vous faire oublier Marguerite?

Le grenadier regarda le docteur avec une expression indéfinissable d'étonnement et de doute.

— Être aimé! dit-il; un invalide comme moi! vous n'y pensez pas, docteur. Écoutez, ajouta-t-il avec un ton de tristesse solennelle. Pourquoi vous cacherais-je mes pensées? Vous avez guéri ces blessures, docteur; vous avez cicatrisé ces plaies que l'ennemi m'avait faites; je vous en remercie; mais il y a là.... au fond de mon cœur une autre blessure plus cruelle, qui ne guérira jamais.

— Je crois vous comprendre, répondit le docteur avec émotion et en tendant au vieux soldat une main qu'il serra avec expression. Il faut chasser ces sombres idées. Les hommes passent, mais les nations ne meurent jamais, Lambert; on ne doit point désespérer du salut de la patrie.

—La patrie!... Je sens bien que ce mot est beau; mais celui qui pouvait la sauver....

—Il y a un avenir pour lui comme pour nous; d'ailleurs il vous donne l'exemple de la résignation à la mauvaise fortune; il est grand dans son exil.... Mais laissons cela : vous m'aviez promis, Lambert, de ne plus vous livrer à ces tristes souvenirs. Je réclame votre parole de grenadier...

—Allons, dit Lambert en souriant avec tristesse, je n'y songerai plus.

Son regard était fixe, il gardait le silence; mais on pouvait aisément deviner la pensée qui remplissait son esprit.

Le mariage de Marguerite et de Raymon fut célébré quelques jours après. Le grenadier n'avait point voulu mettre de condition à la donation entière qu'il avait faite aux jeunes époux.

—J'ai été soldat toute ma vie, avait-il dit, je n'ai jamais rien possédé; ce n'est pas un sacrifice que je fais. Cependant comme je suis faible et souffrant, et que je n'ai jamais su que me battre, j'espère que ces bons jeunes gens ne me chasseront pas de cette maison où mon père est mort, et que les années seraient bien mauvaises, si j'étais obligé d'aller demander, avec mes béquilles, un morceau de pain à d'autres qu'à eux-mêmes.

Il avait bien fallu consentir à tout ce qu'il avait exigé. Le bon Lambert n'était pas homme à douter de la reconnaissance de ceux à qui légalement il abandonnait son sort. Personne ne put lui faire entendre raison à cet égard; il ne comprenait pas l'ingratitude. Ses bienfaits heureusement étaient bien placés; les jeunes époux s'accoutumèrent à l'environner de soins et de respects, et quand, vivement touché de la tendre sollicitude dont il était l'objet, il comparait malgré lui le paisible bonheur dont il jouissait avec les agitations de sa vie militaire, il y avait des momens où le brave grenadier reprenait cette insouciante gaîté qui caractérise le soldat. Alors la sombre mélancolie dont il était dévoré se dissipait par degrés, il parlait du passé avec moins d'amertume et de douleur, et se plaisait à raconter les merveilleux événemens dont il avait été le témoin. Il révélait aux amis qui l'entouraient avec un intérêt passionné une foule de beaux traits et de dévouemens intrépides qui, connus seulement de quelques braves qui en furent les témoins, ne seront point conservés par l'histoire.

Le docteur profita avec habileté de ce calme réparateur qui semblait descendre dans le cœur affligé du soldat, pour occuper son esprit, suivant un désir qu'il avait souvent manifesté. Raymon lui donna les premiers élémens de la lecture et de l'écriture, et la création d'une école à la Lancaster, qui eut lieu par les soins d'un riche patriote de la vallée, lui fournit bientôt le moyen de se livrer avec ardeur à des travaux qui agrandissaient ses facultés et distrayaient son imagination malade; c'était un spectacle touchant que de voir ce vieux guerrier attentif et docile au milieu de jeunes enfans dont il devenait l'humble émule et le compagnon, oubliant ainsi pour recommencer sa vie les longues traverses de sa glorieuse carrière.

Le pays que Napoléon avait traversé en triomphateur avait subi l'oppression des dépositaires de l'autorité royale, mais il avait échappé à une réaction politique, par une raison sur laquelle il est inutile de s'expliquer. Ce pays avait cependant mérité un châtiment, et son amour pour la liberté était un crime que la faction lâche et cruelle de 1815 ne pouvait oublier. Un homme d'un caractère jusqu'alors honorable, d'un âge déjà avancé et qui avait occupé des fonctions importantes, leva tout à coup au mois de mai 1816 l'étendard de la révolte. Un grand nombre de malheureux séduits par des nouvelles trompeuses, et pour la plupart rassurés par le caractère bien connu du chef de l'insurrection, devinrent la victime de cette échauffourée, dont il serait difficile d'indiquer ni le but ni les motifs. Il est à remarquer que les conjurés principaux ne cherchèrent d'adhérens que dans les communes traversées, conquises par Napoléon, et qu'ils cherchèrent surtout à circonvenir les anciens militaires. Le chef de ce complot, si l'on peut donner ce nom à ce mystérieux événement, paya de sa tête ou son imprudence, ou sa faute. Mais les pauvres paysans qui avaient pris les armes à son instigation furent impitoyablement livrés au bourreau ou à des commissions militaires qui en faisaient l'office. Le souvenir des actes arbitraires et atroces qui furent alors commis au nom du roi par des fonctionnaires qui exploitèrent ces affreuses circonstances excite encore en nous, après quatorze ans, tant d'horreur et d'indignation que nous n'avons pu nous résoudre à donner à cet événement une place dans cet ouvrage. Le temps n'est pas venu de demander justice de ces attentats, et si des rubans et des titres ont été le prix du sang de nos concitoyens, les crimes contre les nations ne se prescrivent pas.

Le brave Lambert, que malgré les infirmités que lui avaient léguées ses blessures on avait essayé de séduire et d'entraîner dans ce mouvement, avait repoussé avec indignation les propositions qu'on lui avait faites. C'était au nom de Napoléon qu'on osait le solliciter; son respect profond pour la mémoire de son empereur exilé lui fit découvrir ce qu'il y avait de perfide dans le projet dont on lui faisait part. Il fit tous ses efforts pour qu'aucun habitant de la vallée ne cédât aux insinuations dont ils étaient l'objet, et il réussit, quoique le cri de Vive l'empereur! se fit encore entendre dans ces montagnes...

Un monde nouveau venait pour ainsi dire de se révéler au vieux soldat, il pouvait nourrir son âme des pensées de ces écrivains sublimes qui ont agrandi l'intelligence humaine. Il s'étonnait des jouissances inexprimables qui lui avaient été si long-temps inconnues, et que cependant il avait pu acquérir en si peu de temps. Mais s'il trouvait des charmes dans les méditations et les lectures solitaires auxquelles il se livrait avec toute l'ardeur de son âme, ces habitudes si différentes de celles de toute sa vie avaient pour lui un grand danger. Son imagination, fertilisée par elles, s'exaltait facilement, et en proie alors à une sombre mélancolie, il s'abandonnait entièrement à ses souvenirs. Sa pensée errait sans cesse sur ces mers éloignées où Napoléon, prisonnier des Anglais, expiait par un supplice lent et cruel son système et sa gloire. Souvent les yeux du fidèle guerrier cherchaient sur la carte le rocher où son empereur était enchaîné. Dans les rêves de sa douleur profonde il voyait les flots de l'océan se briser avec fureur contre ces rivages maudits. Mais un rayon d'espérance vient toujours animer les plus tristes illusions de l'homme. Souvent il croyait voir des navires entrer dans le port de Sainte-Hélène, le pavillon tricolore se déployait sur les pointes élevées de leurs mâtures, et il sortait de leur sein des Français dévoués qui allaient arracher Napoléon aux mains de ses bourreaux.

Dans ces momens d'angoisses, le grenadier retombait dans une sombre mélancolie; on avait de la peine à en obtenir quelques paroles, et ses yeux humides demeuraient attachés sur la terre. Le docteur, qui depuis quelque temps observait avec douleur le caractère grave et passionné de cette affection morale, ne trouvait d'autre moyen pour l'affaiblir que de donner un cours régulier aux pensées qui la nourrissaient. Il lui parlait de ses campagnes, de cette triste bataille de Waterloo surtout, où il était tombé au milieu de tant de braves. Lambert racontait avec un enthousiasme chaleureux les événemens de cette journée si terrible; mais quand son récit était terminé, cette énergie momentanée l'abandonnait encore, et il reprenait cette taciturnité rêveuse qui alarmait ses amis.

Plusieurs années s'étaient écoulées; la presse avait répandu dans l'Europe entière des détails positifs et circonstanciés sur les vexations dont Napoléon et les fidèles compagnons de son affreux exil étaient victimes. La voix de Las-Cases, de cet homme généreux et dévoué, avait retenti dans tous les cœurs, et Lambert n'avait pu ignorer ces événemens, qui feront à jamais la honte de l'Angleterre, de quelque prétexte que ses orateurs ministériels aient coloré son infâme conduite. On était au commencement de l'année 1821; les symptômes de la maladie lente et douloureuse qui dévorait le grenadier devinrent alors d'une gravité telle, que le docteur annonça qu'il fallait se préparer à une séparation prochaine.

Marguerite et son mari, comme tous les habitans de Saint-Laurent de Beaumont, suivaient avec une inquiétude déchirante les progrès effrayans du mal. Lambert ne voulait plus prendre de nourriture, il gardait un silence désespérant, et lorsque par intervalle il sortait de cet état de langueur, c'était pour se livrer à d'amers souvenirs, et il s'exprimait de manière à prouver l'altération complète de ses idées.

Les soins les plus éclairés lui furent vainement prodigués, le mal était sans remède. Si sa raison était changée, son cœur ne l'était pas, il reconnaissait bien toutes les personnes qu'il aimait.

— Cela finira bientôt, leur disait-il, je vais aller à Sainte-Hélène, c'est pour cela que je laisse croître mes moustaches. L'empereur me reconnaîtra ! Sire !..... nous voilà tous.... ce sang... c'est celui des Anglais !... Le voilà ! le voilà !.... vive l'empereur !

C'était le 5 mai, le temps était orageux, les éclairs sillonnaient la nue embrasée, l'orage grondait dans la vallée de Beaumont. Le curé, qui avait aidé le père de Lambert à mourir, était encore auprès de son fils, dont le docteur pressait en vain la main déjà refroidie, tandis que Marguerite et Raymon, agenouillés devant lui, cherchaient encore à recueillir une vague espérance dans les traits décomposés du grenadier.

Il était assis dans l'embrasure d'une croisée qui donnait sur la campagne; il l'avait voulu. On l'avait revêtu de cette capote lacérée qu'il avait sans doute portée à Waterloo, et qui le couvrait encore au moment de son retour. La croix de la Légion-d'Honneur brillait sur sa poitrine. Quand on se fut conformé sous ce rapport à tous les désirs qu'il avait exprimés, ses yeux s'étaient fermés, et il était tombé dans une sorte de sommeil, ou plutôt de rêverie extatique, dont la respiration d'aucun alcali ne put le tirer. Quelquefois un sourire mélancolique éclairait son visage pâle, et des mots sans suite sortaient de sa bouche : c'étaient des noms étrangers et des termes employés dans la langue militaire. Il revoyait sans doute les glorieux compagnons de sa vie, les héros du bataillon de l'Ile d'Elbe, et il leur rappelait et les anciens dangers qu'il avait bravés avec eux, et les victoires que Napoléon devait à leur valeur.

Un coup de tonnerre violent sembla ébranler la maison jusque dans ses fondemens ; le vieux soldat tressaillit, il rouvrit les yeux... mais ils étaient ternes et troublés. Il était six heures moins quelques minutes du soir...

— O mon Dieu ! s'écria Marguerite, que va-t-il donc arriver ?..

— Hélas ! dit le docteur, votre bienfaiteur touche à ses derniers momens...

— Non, non, reprit-elle avec désespoir... il parle... écoutez...

Le curé plaça en pleurant le crucifix sur les lèvres entr'ouvertes du grenadier.

— Le voilà donc !... oh ! comme notre empereur est changé... tout le monde pleure autour de lui..... est-ce qu'il va mourir! lui!..... Ecoutons, camarades; reconnaissez-vous bien cette voix qui nous dit adieu sur le champ de bataille de Waterloo?... Silence! — Bientôt je serai dans les Champs-Élysées, j'y reverrai Kléber, Desaix, Duroc et tous mes braves grenadiers... je veux que mes cendres reposent sur les bords de la Seine, au milieu de ce peuple français que j'ai tant aimé!... Mon fils... tête... d'armée...

Alors le grenadier mourant répondait par intervalle comme si une voix inconnue eût appelé ses compagnons...

— Mort au champ d'honneur!.. c'est Etienne Lambert que vous demandez?.. Présent, Sire!

Marguerite poussa un cri déchirant, le docteur laissa tomber la main glacée qu'il tenait dans les siennes, le grenadier de l'île d'Elbe n'était plus!...

ÉPILOGUE.

De tous les hommes qui ont brillé sur la scène du monde et qui ont exercé une grande influence sur leur siècle, aucun n'eut une destinée semblable à celle de Napoléon Bonaparte. Charlemagne forma son époque à son image; dans des temps de ténèbres il fit régner l'ordre, la lumière et les lois. Mais tout son système tenait à lui, c'était une émanation de son génie, qui devait s'éteindre quand il descendrait dans la tombe. Ce fut l'anarchie féodale qui dévora son glorieux héritage. Napoléon, dont la vie présente au reste beaucoup d'analogie avec celle de ce prince, s'éleva dans des temps de troubles, il détruisit pour régner un ordre social tout entier, se jeta entre des institutions républicaines et cette lassitude qui suit les guerres civiles, pour se faire pouvoir. Ses premières actions avaient excité l'admiration, son audace imprima le respect. Il régna, il fut fort. Des revers inexplicables comme ses succès amenèrent sa chute, mais il ne perdit rien de l'influence morale qu'il avait exercée sur les peuples. La haine ne put découvrir dans les vastes régions cachées au sein de l'océan un lieu assez inconnu pour que les rayons de sa gloire y fussent absorbés. Il mourut, et une grande révolution enfantée par son système menace encore le monde. On dirait que les peuples ne l'ont compris que quand sa destinée a été accomplie. Expliquons cette idée.

Son autorité n'était point absolue, c'était lui qui l'était. Avec les institutions à l'abri desquelles il exerçait un pouvoir sans limites, un prince ordinaire n'aurait pu sans danger se placer au dessus des lois; lui-même dans des temps calmes ne l'eût point osé. Le despotisme n'était point dans son cœur, il était dans sa raison; il le croyait nécessaire. Mais ce pouvoir, quel qu'il fût, était une délégation de la volonté générale; sa souveraineté était l'image de la souveraineté populaire. Voilà pourquoi tous les rois ont été ses ennemis, les peuples le savent maintenant.

Son adversaire le plus terrible fut le gouvernement britannique. On s'imagine qu'il attachait un grand prix à être en paix avec lui; on se trompe, il ne le voulait pas. Il n'était pas homme à partager l'empire du monde. Dans sa pensée profonde, sa mission était de détruire l'Angleterre; il y consacra toute sa vie. L'Angleterre le savait bien, elle avait deviné le secret de l'expédition d'Égypte, dont Napoléon ne fut pas le maître d'agrandir les résultats, ni de réaliser les espérances.

Ce système continental qui a excité contre lui tant d'absurdes clameurs est la pierre d'achoppement des libertés et du bonheur de l'Europe. Les cabinets en conviennent maintenant, mais ce n'est pas afin d'obtenir ce qu'il y a d'avantageux pour les peuples dans ce système qu'ils ont aujourd'hui une tendance à l'établir. Ce grand acte de souveraineté européenne ne peut être accompli que par une seule et puissante main; Henri IV et Louis XIV en eurent une vague idée; Napoléon seul était de taille à l'imposer au nom de la victoire.

Napoléon paraît avoir succombé dans cette

grande lutte, parce qu'il est mort entre les mains des Anglais. Les Anglais n'auraient pas payé ses bourreaux si son supplice n'eût été qu'utile au repos de l'Europe; ils l'ont tué comme un ennemi personnel. Mais vainement l'Angleterre se débat encore dans sa misère fastueuse; Napoléon l'a frappée au cœur, de sourdes convulsions l'agitent, la lutte a épuisé son sang et ses forces, les cabinets se grandissent de tous les degrés dont elle décheoit. Elle a perdu son ascendant politique; de temps en temps elle veut encore parler son ancien langage, mais tout est changé, on ne l'écoute plus. Elle fait comme Tibère, elle se pare pour cacher ses rides; elle n'a plus ni jeunesse ni espérance, il faut qu'elle succombe. La main du destin déchirera le bill des droits et la charte de la compagnie des Indes, sur la tombe solitaire de Napoléon à Sainte-Hélène!

D'un autre côté, il y a un degré de stupidité et d'abaissement qui répugne à l'intelligence humaine et où les peuples civilisés, malgré leur patiente longanimité, ne sauraient arriver. On leur avait peint Napoléon comme dominé par une insatiable ambition et tourmenté du désir de reculer les bornes de son immense empire. Mais que pouvait-il faire de l'Allemagne et de la Russie? il s'affaiblissait en s'agrandissant; l'âme de son pouvoir, c'était l'armée française, cette armée si long-temps invincible ne cessa de l'être qu'en perdant son unité nationale. Mais enfin, pour faire de leur cause la cause des peuples, pour exciter contre Napoléon cette grande insurrection qui devait le vaincre, les rois furent obligés de promettre la liberté. Ils avaient été accablés par l'énergie républicaine, ils eurent recours aux idées libérales pour obtenir les mêmes succès. Cela leur réussit. Mais le lendemain du triomphe le despotisme laissa tomber le masque imposteur qu'il avait emprunté. Jamais il n'avait parlé un langage plus dur, plus humiliant pour l'humanité; les plaintes des peuples furent étouffées dans le bruit de leurs chaînes.

Les petits princes furent les moins hardis à violer leurs promesses. Quelques peuples d'Allemagne ont reçu des constitutions dérisoires, les grandes nations, rien. Le gouvernement représentatif amuse les anciens électeurs de l'empire et les cours ducales de l'Allemagne;

mais les peuples n'en sont pas plus heureux, car ces prétendues institutions libres ne servent qu'à donner à la tyrannie quelques formes légales. Le gouvernement des Pays-Bas renchérit sur toutes ces turpitudes.

La liberté polonaise fut confiée à Constantin, dont l'humeur farouche et despotique peut être appréciée par les Kalmouks, mais dont le pouvoir est un outrage pour cette brave et malheureuse nation polonaise, digne d'un meilleur sort. La Hongrie et la Bohême, la Prusse, la belle Italie, réclament en vain leurs antiques droits et les promesses solennelles des rois. Voilà ce que les peuples comprennent, ce sont là des faits d'une éloquence qu'aucune censure exercée sur la presse ne saurait atténuer ; ils n'ont pas besoin d'être reproduits, ils sont sentis de tous.

Les monarchies féodales sont sur le bord de leur tombe. La fortune de Napoléon a résolu ce grand problème, comme on l'a dit en commençant : la France, qui a donné l'exemple, pourra seule contempler dans une situation paisible ces tempêtes prochaines, si les institutions sont respectées par ceux à qui le dépôt en est commis.

Cette dernière réflexion nous amène naturellement à chercher le secret de ce résultat opposé dans le parallèle des deux hommes illustres dont le génie domine ces deux systèmes, Louis XVIII et Napoléon. Au premier aspect l'alliance de ces deux noms paraît au moins extraordinaire; c'est une raison pour qu'il y ait de la justesse et de la portée dans leur rapprochement.

Louis XVIII était le fils d'un roi de France, il se trouvait, en montant sur le trône, environné d'une force morale que Napoléon eut besoin de se créer quand il mit sur son front la couronne impériale. Pour que Napoléon pût accomplir ses grands desseins, il fallait que la France fût soumise à la seule impulsion du génie qui les avait conçus. Les discussions de la tribune, les investigations de la presse, tout ce qui constitue les agitations véhémentes de la liberté ne lui convenait point ; il craignait la liberté, non pas dans l'intérêt de son pouvoir, mais dans celui de ses projets. Il fallait que les esprits ne pussent être distraits de sa gloire et qu'ils ne fussent occupés que de lui; aussi était-il partout, sur les champs de bataille, au conseil d'état, et il osa même envahir la suprême autorité de la loi, en imprimant son caractère à ses décrets. En détruisant tout ce qu'il y a de réel dans le gouvernement représentatif, il en conserva fidèlement les formes. Le style de ses lois, comme celui des monumens qu'il créait, était éminemment national; le peuple retrouvait partout sa propre pensée, et il oubliait ainsi dans les solennités de ce règne ce que son existence avait de contraire aux principes de la révolution qui l'avait enfanté.

La tâche de Louis XVIII était difficile sans doute, mais elle ne comportait pas une aussi grande extension de pouvoir. Il était facile de voir que la France tombait de lassitude et que la génération qui avait grandi sous l'empire commençait à avoir besoin d'autre chose que d'une gloire jusqu'alors si désastreuse. La charte constitutionnelle, abstraction faite de la forme dans laquelle elle fut donnée, et considérée comme la pensée de la restauration, est une œuvre de haute politique qui assure à son auteur une immortalité nationale. La charte rendit à la France l'exercice modifié des droits qu'elle avait revendiqués en 1789; sous ce rapport, sa rédaction seulement était imparfaite. Le style des temps féodaux employé dans cet acte n'est pas seulement un anachronisme, c'est une faute. La liberté parle trop dans la charte la langue du pouvoir absolu; elle n'a point ces formes populaires qui lui auraient donné plus de vie et de force morale. Ce n'est pas là une question de mots, c'est une question vitale. La restauration commit une faute plus grande en se refusant à adopter les couleurs de la France nouvelle. Le drapeau tricolore, illustré par tant de hauts faits et cher à la nation, était dans sa pensée le symbole de la liberté, comme il avait été celui de la victoire. Louis XVIII, que sa haute capacité mettait au dessus des préjugés, fut, dit-on, d'abord disposé à faire cette concession à la force des choses; il trouva de la répugnance et de l'opposition dans sa famille, et il céda. Les réflexions naissent ici d'elles-mêmes...

Le système de Napoléon, accompli pour la France, ne l'est pas pour l'Europe; celui de

Louis XVIII est passé dans les mœurs nationales. Le génie de Napoléon appartient plus au monde, la pensée de Louis est toute française.

Le caractère personnel de ces deux princes était empreint du génie de la mission qu'ils avaient à remplir sur la terre. Napoléon était résolu, emporté même dans sa volonté; il y avait du pouvoir dans sa parole, il en avait besoin. Louis était circonspect et modéré; il avait du penchant à la sévérité. Napoléon irrité se laissait facilement fléchir; sa première pensée était de punir, sa dernière de pardonner. Le premier mouvement de Louis était l'indulgence, le second était l'inflexibilité. Il y avait dans Napoléon du maître et de l'homme; il y avait en Louis du magistrat et du père. Napoléon jugeait des choses et des hommes avec son cœur et son imagination, Louis avec son esprit et sa raison. Napoléon était un grand homme, Louis XVIII un grand roi!

Napoléon, déchu du trône et condamné à un exil rigoureux, conserva dans les fers cette supériorité d'âme et de dignité souveraine qui avaient marqué sa glorieuse carrière. Louis mourut plusieurs années avant de cesser d'être roi ; accablé sous le poids de douloureuses infirmités, il ne put résister à la faction anti-nationale qui depuis la restauration se jette entre la charte et le trône, il mourut dans ses bras. La postérité absoudra sa mémoire des violations de la constitution entreprises, à la fin de son règne, par un ministère aussi odieux au peuple qu'étranger à son choix. C'est sur ce ministère flétri que retombera la honte de cette guerre d'Espagne, où l'on vit cent mille Français passer les Pyrénées pour rendre le pouvoir absolu à Ferdinand.... Ferdinand le plus déloyal des hommes, le plus ingrat des monarques!....

Au moment où nous terminons cet écrit, la faction rebelle aux lois qui troubla le règne constitutionnel de Louis XVIII, rétablie au pouvoir, est devenue plus menaçante; elle rêve dans son délire l'abaissement de la France, la destruction de toutes les formes protectrices établies par la charte, le retour des priviléges et de l'omnipotence sacerdotale. La noble France se couvre de couvens, l'hypocrisie et la nullité sont les meilleurs titres aux honneurs. La popularité et le talent sont des crimes ; encore quelques mois, et nous subirons la félicité de l'Espagne. Non, la grande nation ne supportera pas ce dernier degré d'outrage et d'infamie ! Son respect pour l'ordre et les lois est pris pour de la faiblesse ; on profite du calme dans lequel elle attend le développement graduel et légal de ses institutions pour calomnier son repos et lui disputer sa liberté. La cause nationale triomphera, le temps des espérances et de la circonspection est passé, celui de l'énergie et de la lutte constitutionnelle est arrivé. LES LIBERTÉS PUBLIQUES SONT EN DANGER !.....

FIN.

TABLE

DES CHAPITRES

CONTENUS

DANS LE SECOND VOLUME.

CHAP. Ier Le golfe Juan.	1
Post-scriptum du chapitre Ier.	27
CHAP. II. Le déserteur.	41
CHAP. III. Voyage en Dauphiné.	79
CHAP. IV. Lyonnais, je vous aime!	129
CHAP. V. Le 20 mars.	181
CHAP. VI. Le Champ-de-Mai.	223
CHAP. VII. Waterloo.	263
CHAP. VIII. Le soldat mutilé.	335
CHAP. IX. Le 5 mai 1821.	377
Epilogue.	395

FIN DE LA TABLE DU TOME SECOND.

ERRATUM

Tome Ier, page 71, ligne 18. *Au lieu de* ses cheveux noirs comme l'ébène, etc.; *lisez:* ses cheveux bruns paraissaient noirs comme l'ébène, etc.

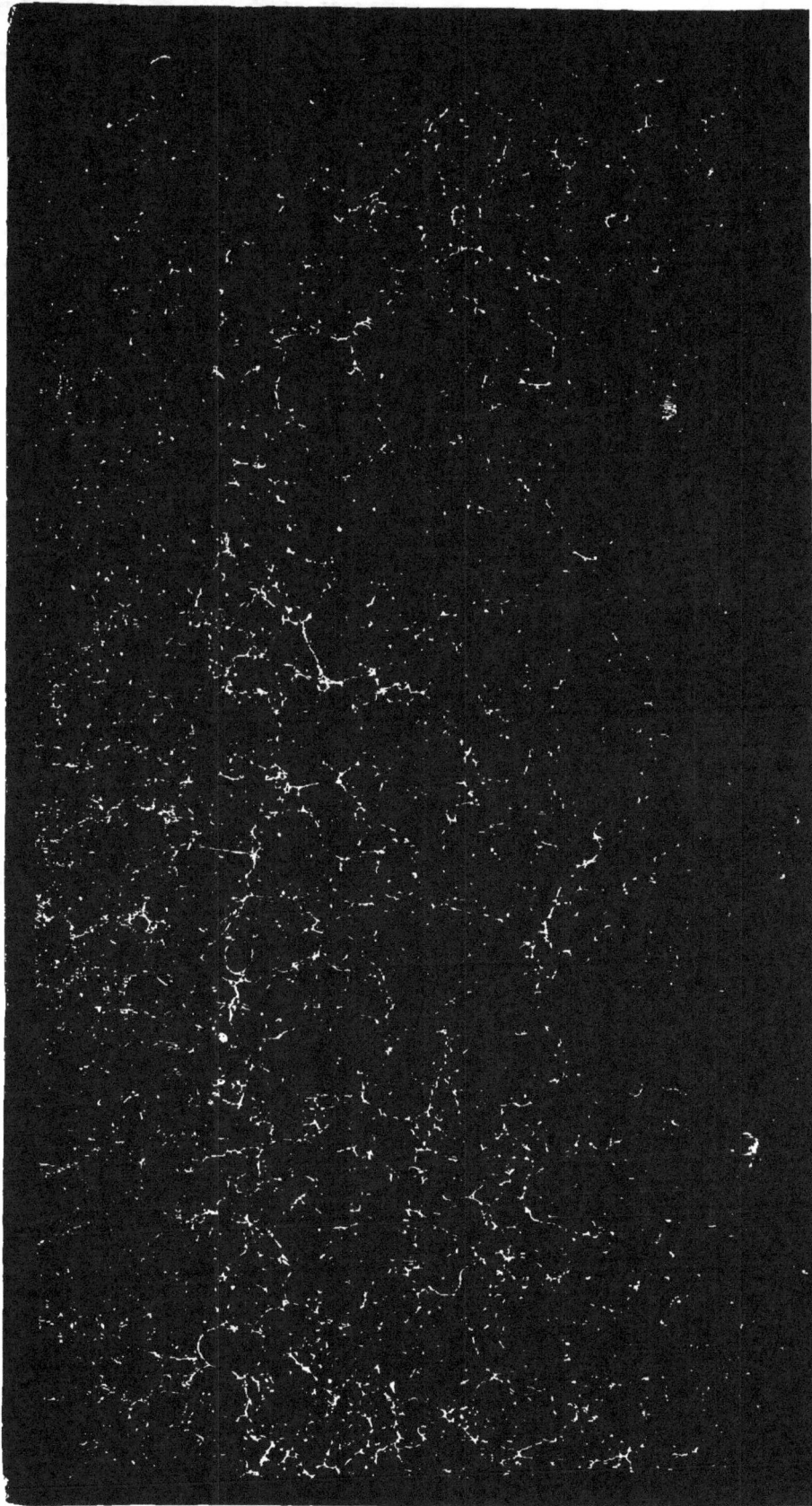

www.ingramcontent.com/pod-product-compliance

Lightning Source LLC
Chambersburg PA
CBHW060547230426
43670CB00011B/1726